北大光华区域可持续发展丛书　第4辑

主　　　编：厉以宁　朱善利
编　委　会：雷　明　张红力　黄　涛
　　　　　　何志毅　张一弛　王咏梅
编委会秘书：赵爱琴

**北大光华区域可持续发展课题研究**

支持单位：北京大学光华管理学院
　　　　　北京大学管理科学中心
　　　　　北京大学贫困地区发展研究院

**北大光华区域可持续发展丛书得到德意志银行资助**

北大光华
区域可持续发展丛书 第4辑

# 中等收入阶段中国减贫战略研究

Zhongdeng Shouru Jieduan Zhongguo Jianpin Zhanlüe Yanjiu

吴华 著

经济科学出版社
Economic Science Press

# 总　序

厉以宁

21世纪人类的发展观出现了重大转折，可持续发展受到了人们的广泛重视。不论是发达国家，还是发展中国家，都不约而同地把可持续发展写进了国家发展战略。

区域可持续发展是全球可持续发展的基础。区域可持续发展是指，区域发展既满足当代人的需要，又不对后代人满足其需求的能力构成威胁，特定区域的发展不危害和削弱其他区域的发展，区域内的自然与社会复合系统通过人类活动的自我调控，向更加和谐、更加互补和更加均衡的目标靠近。

不同经济发展水平的区域，可持续发展的着重点会有所不同，就发展中国家而言，其可持续发展的核心是发展经济，并且必须依托本身的资源。中国的区域可持续发展战略正是以发展经济、全面提高人民生活质量为核心，保障人与自然、人与环境的和谐共存，同时保证经济持续、快速、健康发展。区域发展受人的主观意志的影响很大，因此，区域的可持续发展要求人类活动主观上树立可持续发展的思想，客观上遵循自然规律，从而为制定区域可持续发展战略提供指导。区域的差异性决定了区域的发展必须因地制宜，采取最适合本区域的发展方式，使区域内的资源禀赋得到最合理的使用。

自20世纪90年代起，影响我国区域发展的因素发生了很大的变化。全球化浪潮带来了全球范围内和国家层面上的经济要素重组，信息化发展、科技进步和创新能力成为区域发展的关键因素。传统的因素和新的因素交织在一起，共同决定了我国区域发展的格局，区域经济发展的规律已经初步显现。第一，我国区域经济的非均衡性是最大的特点，而这种非均衡性既表现在不同区域之间，也表现在区域内部。第二，区域间的经济发展差距不断扩大，这表现在各区域之间的经济总量、人均GDP、GDP平均增长速度、进出口贸易、外商直接投资和经济增长方式的变化等各个方面。第三，各区域工业化发展阶段的差异明显，东部不仅普遍具备了工业化中期的基本特征，而且某些区域正在向工业化后期转变；中部区域或者已处于工业化中期，或者开始进入工业化中期；西部除个别区域转入了工业化中期以外，大多数区域仍然处于工业化初期。可喜的是，东西部互动的格局逐步形成，东部正在向中西部进行产业转移，中西部正在吸纳东部转移的产业化技术。

可持续发展的区域政策不仅要求当代人与后代人在资源利用和经济发展权利等方面的公平，同时也要求同代人尤其是区域之间的公平。非均衡的区域发展模式会伴随产生大量贫困人口和日益恶化的生态环境，无法实现可持续发展。为此，区域可持续发展最重要的使命在于：将产业结构安排、生产力布局与区域人口、资源以及生态环境联系在一起，促进区域经济协调发展，消除贫困，按照因地制宜、合理分工、优势互补、共同发展的原则，加强经济发达和欠发达区域的经济技术合作，鼓励生产力要素由经济发达区域向欠发达区域流动，特别是扶持少数民族地区、边疆地区、贫困地区的经济发展，增强这些地区摆脱生态与经济恶性循环的能力和自我发展的能力，并最终实现区域共同发展与富裕。

近年来，中国区域经济发展的新特点之一，体现在新一轮的、广泛的区域合作。区域经济总体发展特征从推动局部区域的超常发展，转变为注重总体协调发展。各区域在明确自身比较优势的基础上，寻求各区域的功能互补与互动，跨上整体发展的新台阶。2006年，长三角、泛珠三角、环渤海地区的互动机制正式启动，区域大交通体系建设、生态环境治理、信息资源共享、人力资源合作和信用体系建设成为长三角区域合作的重点；陕甘宁川的区域合作、西陇海兰新线经济带、长江上游经济带及南宁—贵阳—昆明协作等一批各具特色的区域互动发展，已经成为推动西部大开发的重要力量；商务部实施的"万商西进工程"，也将进一步促进东部开放型经济和产业向中西部地区转移，促使西部由传统资源时代向产业时代挺进。区域经济的互动发展正在深刻改变中国的总体经济格局，冲破区域壁垒的跨区域合作成为中国经济发展的新态势。

新一轮区域合作将逐步由各区域政府主导转变为企业主导。培育区域竞争力、开展互补型竞争是增强区域可持续发展能力的重要环节；企业是区域合作发展的主体，任何知识创新和技术创新，只有通过企业才能真正转化为生产力和财富，转化为区域竞争力。在这一背景下，各区域政府部门应该及时调整自己的定位。区域竞争力的培育与树木的生长一样，需要适宜的阳光、气候以及良好的生长环境。在引导区域竞争力有序发展、创造一个有利于发展的良好外部环境等方面，政府的作用是十分重要的。

区域可持续发展是一个全新的领域，需要政府、企业、研究机构三方协同努力。在深入中国有代表性的典型区域进行长期扎实调研的基础上，北京大学光华管理学院、北京大学管理科学中心、北京大学贫困地区发展研究院编辑出版了"北大光华区域可持续发展丛书",探讨了以下重要问题:区域形成与区域结构对可持续发展的影响;区域实现可持续发展的多种模式;如何选择适合区域特征的可持续发展战略和路径;如何发挥各区域的不同优势,实现最优的整体可持续发展;如何促进贫困地区社会经济的迅速发展;等等。这套丛书着力解决制约可持续发展的"瓶颈"问题,发挥研究成果对可持续发展的前瞻性引领和支撑作用,并为政策制定部门、学术界和各级地方政府提供参考。

区域可持续发展是不可阻挡的潮流,为中国经济可持续发展提供了新的动力和方向。中国区域发展正站在新的历史起点上,促进区域可持续发展正逢其时。让我们共同迎接中国区域经济发展与合作的辉煌的明天!

2008 年 6 月

# 序

韩 俊

贫困是人类社会的顽疾，反贫困始终是古今中外治国理政的一件大事。减贫既是发展问题，也是社会公正问题。消除贫困、改善民生、实现共同富裕，是社会主义的本质要求。改革开放以来，我国近7亿人摆脱贫困，减贫事业取得了无可比拟的成就，为推动全球减贫事业发展做出了重大贡献。党的十八大以后，党中央、国务院对扶贫攻坚做出新的战略部署，扶贫开发工作取得新进展，呈现出新局面。

党的十八大提出，确保到2020年实现全面建成小康社会的宏伟目标。小康不小康，关键看老乡，关键在贫困的老乡能不能脱贫。目前，我国贫困群体规模仍然较大，绝对贫困现象尚未消除，相对贫困问题更加凸显，特殊困难群体依然较多，扶贫体制机制仍不健全，制约贫困地区发展的深层次矛盾依然存在，减贫难度不断增大，扶贫开发已经进入啃"硬骨头"的历史阶段，任务极其繁重。按照世界银行人均国民收入标准，中国已经迈入中等偏上收入国家行列。2016～2020年是中国全面建成小康社会的关键时期，也是扶贫攻坚决战决胜的关键时期。在新的历史背景下，如何成功实现经济社会转型，到2020年消除绝对贫困，实现全面建成小康社会的目标，同时避免掉进"中等收入陷阱"，争取早日跨入发达国家行列，是中国必须面对和回答的重大理论和实践课题。

本书以中等收入阶段和减贫作为研究主题，着重分析了不同收入发展阶段的贫困特征和减贫模式，包括低收入阶段、中等收入阶段和高收入阶段的减贫特征和模式。这样的研究视角，是一种全新的尝试。由此出发，本书解析了全球减贫的一般规律和中国减贫的特殊规律。关于全球减贫一般规律，作者发现，低收入发展阶段国家，是国家贫困、集体贫困，物质匮乏，重点任务是解决物质贫困；中等收入发展阶段国家，告别了集体贫困，但还有一部分地区和一部分群体生活贫困，重点任务是解决物质贫困和能力贫困的问题；在高收入发展阶段国家，绝对物质贫困已经消除，相对贫困和社会排斥是主要特征，重点任务是解决能力贫困和权利贫困问题。关于中国减贫的特殊规律，作者指出，在低收入阶段，中国农村减贫主要关注解决贫困农民的基本温饱问题；在中等偏下收入阶段，开始关注解决发展能力不足的问题，实施瞄准贫困人口战略。

中国进入中等偏上收入阶段后，如何既要坚持和发扬行之有效的好经验好做法，又要与时俱进创新扶贫思路，完善扶贫机制，跳出"贫困陷阱"，提高扶贫成效，作者在本书中对此进行了论证，提出自己的概括和见解。本书的一个贡献是致力于提出优化中等收入阶段中国减贫治理体系的思路。即坚持三大战略（平衡发展战略、国家发展战略、综合发展战略），遵循三个原则（精准治理原则、投资于人原则、赋权于民原则），积累三大资本（物质资本、人力资本、社会资本），区分三个层次（区域开发、家庭发展、个体成长），实施减贫行动，从多维角度探讨了新阶段中国农村减贫的新路径，提出了一些富有启发的分析和判断。

扶贫说到底是扶人，就是要把改善贫困人口发展环境、提高发展能力作为根本之计，真正做到扶贫扶到人身上，脱贫落到人头上。在研究方法上，本书突出了人本主义的分析方法。提出的三大战略选择，都是着眼于人的发展：可持续发展战略的落脚点是赋利于人，创新发展战略的落脚点是赋能于人，包容发展战略的落脚点是赋权于人。

摆脱贫困，让农村贫困人口与全国人民一道步入全面小康社会，这是一场前所未有的大仗硬仗，打赢这场攻坚战，要有超常规的举措和过硬的办法。向贫困发起总攻的总动员已经下达，扶贫攻坚的历史接力棒传到了我们手中。我们要有强烈的使命感，全力跑好这一棒，向实现第一个百年目标提交一份减贫的出色成绩单，继续在全球减贫事业中保持领先地位。

人类社会的减贫行动只有起点，没有终点。中国的减贫行动，始终行进在追求共同富裕的道路上。

# 目　录
*Contents*

**第1章　导　论 / 1**
　　第1节　选题背景和意义　　2
　　第2节　国内外文献综述　　7
　　第3节　研究内容和方法　　27
　　第4节　创新和不足　　29

**第2章　减贫和发展理论基础 / 31**
　　第1节　贫困定义与类型　　31
　　第2节　减贫理论的新成果：益贫式增长　　37
　　第3节　关于国家贫困的发展理论　　46
　　第4节　国家消除贫困的新发展理论：新结构主义　　52

**第3章　不同发展阶段减贫的一般分析 / 58**
　　第1节　经济发展阶段划分　　58
　　第2节　低收入阶段的减贫　　62
　　第3节　中等收入阶段的减贫　　70
　　第4节　高收入阶段的减贫　　76

**第4章　中国农村不同阶段减贫回顾和政策评价 / 81**
　　第1节　中国发展阶段的新划分　　81
　　第2节　各阶段减贫实践回顾　　83

  第 3 节 各阶段减贫政策综述          *90*
  第 4 节 减贫政策评价            *95*

## 第 5 章 中国减贫发展面临的挑战 / *101*
  第 1 节 现阶段中国减贫发展的新特征      *101*
  第 2 节 现阶段中国发展面临的挑战       *118*
  第 3 节 现阶段中国减贫面临的挑战       *122*

## 第 6 章 中国减贫的发展战略 / *135*
  第 1 节 可持续发展与减贫          *135*
  第 2 节 创新发展与减贫           *139*
  第 3 节 包容发展与减贫           *143*

## 第 7 章 中国减贫的政策选择 / *149*
  第 1 节 完善促进减贫的财政税收宏观政策     *149*
  第 2 节 完善促进减贫的金融政策        *155*
  第 3 节 完善促进减贫的人力资源政策      *160*
  第 4 节 完善促进减贫的社会政策        *165*
  第 5 节 完善专项扶贫政策          *168*

参考文献 / *176*

跋 / *187*

# 第1章

# 导　论

人类社会发展史就是一部消除贫困、追求共同富裕和公平正义的历史。减贫①是人类社会自始以来的共同任务。减贫既是发展问题，也是社会公正问题。人类社会的减贫行动只有起点，没有终点。

减贫的基本内涵是减少、减轻、减缓乃至消除贫困，是反贫困主体协调运用社会经济资源同贫困现象做斗争的行动和过程，是经济发展和社会治理的重要方面。明确减贫的历史使命，首先需要解读和认知贫困。根据已有的人类认知成果和生产生活实践，**贫困是指一定个体、群体或区域所拥有物质资本、人力资本及社会资本不能达到所在空间一般社会认同的基本需要最低标准的一种生活状态和社会现象**。针对个体和群体而言，贫困表现为不能满足基本需要的生活状态；针对区域而言，贫困表现为发展落后的经济现象；针对人类社会而言，贫困表现为经济、社会、文化痼疾和世界性难题。因此，人类社会的减贫行动是一项复杂的系统工程，始终关注和重视减贫问题，关系到人类的福祉、社会的公正、文明的进步。

研究减贫问题具有重要的理论和现实意义。本书研究的空间定位是全球化背景下处于转型时期的中国，时间定位是中国发展

---

① 本书中"减贫"与"扶贫"、"反贫困"等概念内涵相同，意为减少、减轻、减缓乃至消除贫困。

的中等收入阶段，主题定位是中国农村减贫的发展战略和政策选择。以上三个定位是本书的研究边界。

## 第1节 选题背景和意义

### 一、研究背景

**1. 减贫是全球治理的重要内容**

人类社会最早的减贫行动是在氏族或部落范围内同生活资料匮乏做抗争。阶级社会形成后，人类不断地同自然灾害及其引发的饥荒、生产生活资料分配不公做斗争。1945年联合国成立后，减贫成为世界各国的共同行动，并逐步成为全球治理[①]的重要内容。在20世纪后半叶，联合国倡导实施了四个"十年发展计划"：第一个发展十年（1961~1970年），以促进发展中国家国民经济总量的增长为目标。第二个发展十年（1971~1980年），以争取建立新国际经济秩序为目标。努力消除发达国家与发展中国家间日益扩大的鸿沟，将发展概括为经济增长加上社会变革。第三个发展十年（1981~1990年），确认发展权为不可剥夺的人权。扩大和深化了第二个十年的目标和工作，更重要的是使过去仅关心国家、民族的发展扩大到对个人发展的关心，使过去强调国际法对国家的尊重扩大到对个人权利的保护，正在由以"增长为中心"的发展观向以人为中心的发展观演化。第四个发展十年（1991~2000年），以实施"可持续发展战略"为目标，成为有史以来联合国对发展问题最全面的承诺。其中，1993年12月21日联大第48届会议通过了第48/183号决议，宣布1996年为消灭贫穷国际年。大会强调，联合国系统应提供协助，使各个国家、决策人员和国际舆论进一步认识到事实上消灭贫穷是一个复杂的多方面问题，也是巩固和

---

① 全球治理理论兴起于20世纪90年代，指通过具有约束力的国际规制解决贫困、冲突、生态、人权、传染病等全球性的问题，以维护国际政治经济秩序，增进人类共同利益。全球治理主体有三类：各国政府；正式的国际组织，如联合国、世界银行、世界贸易组织、国际货币基金组织等；非正式的全球公民社会组织。

平、实现可持续发展的基本条件。联合国和世界银行、世界贸易组织、国际货币基金组织等国际组织纷纷出台一系列措施，从各自领域致力于全球减贫事务。非正式的全球公民社会组织中，无论来自南方国家还是北方国家，有许多关注和致力于减贫的国际非政府组织。据统计，1993年，在经济合作与发展组织注册的致力于发展中国家减贫发展的非政府组织达3 000多个。

世纪之交，联合国对贫困与减贫问题更加重视，提出了面向21世纪的新减贫战略。2000年9月召开的第55届联合国大会第8次全体会议上通过发布了《千年宣言》，具体就消除贫困、疾病、环境恶化等问题确定了一整套有时效性和能够测量的目标和指标，即千年发展目标，主要包括八项内容：消灭绝对贫困和饥饿；全球普及初等教育；促进男女平等并赋予妇女权利；减少儿童死亡率；改善孕妇健康；抗击HIV/AIDS、疟疾和其他疾病；确保环境的可持续性；推动全球伙伴关系致力于发展目标。承诺到2015年前：将全球极端贫困人口（指每天生活费不足1美元的人口）减半；使无法得到或负担不起安全饮用水的人口比例降低一半；使世界各地的儿童，不论男女都能上完小学全部课程，男女儿童都享有平等的机会，接受所有各级教育；将目前产妇死亡率降低3/4；将目前五岁以下儿童死亡率减少2/3。这些构成了千年发展目标的核心部分，从中可以看出，联合国作为目前最为重要的全球治理主体，在治理贫困方面已经提出了更加明确的目标和更为具体的要求。

**2. 减贫是中国发展始终面对的重要任务**

新中国成立之初，国家积贫积弱。到1985年年底，按照当时的标准，全国有2.5亿农村贫困人口。1986年始中国开展有组织、有计划的专项扶贫行动，到1992年年底，全国农村贫困人口减少到8 000万人。为加快解决农村贫困人口温饱问题的进程，中国政府实施了《国家八七扶贫攻坚计划》，为中国总体进入小康社会奠定了基础。进入21世纪，为解决农村剩余贫困人口的温饱问题和巩固温饱成果，中国政府又颁布实施了《中国农村扶贫开发纲要（2001～2010年）》，从2000年到2010年，新扶贫标准下的农村贫困人口从9 422万人减少到2 688万人，农村贫困人口占农村人口的比重从2000年的10.2%下降到2010年的2.8%。[①] 中国农村减贫行动继续取得成效，并为全球减贫治理作出重要贡献。2004年3月，联合国发表第一份千年发展目标进度报告，显示中国在减贫等方面提前实现了千年发展目标。2011~2020年是中国全面建成小康社会的关键十年，也是农村扶贫开发决战决胜的十年。中国扶贫开发从以解决温饱为主要任务的阶段转入巩固温饱成果、加快脱贫致富、改善生态环境、提高发展能力、缩小发展差距的新阶段。在这一阶段，一方面，中国要加快转变经济发展方式，加快工业化、信息化、城镇化、市场化和国际化进程，保持国民经济平稳较快发展，稳步提高综合国力，逐步健全社会保障体系，从而为农村减贫创造有利环境和条件。另一方面，必须把连片贫困地区的发展上升到国家战略层面给予专项治理，全面化解那些制约连片贫困地区发展的深层次矛盾，发挥相对滞后贫困地区发展的比较优势和后发优势，实现贫困地区科学发展和跨越发展，从而确保目前尚存的贫困地区到2020年基本消除绝对贫困现象，与全国其他地区同步进入小康社会。新中国成立以来的发展历程和未来中国的发展目标表明，减贫始终是中国经济社会发展的重要任务，减贫的实质就是发展。

**3. 中等收入发展阶段的中国更需要重视减贫**

世界银行提出了"收入阶段"的国别分类研究方法，依据人均国民收入将一国发展水平划分为低收入阶段、中等收入阶段和高收入阶段。在长期跟踪研究基础上，世界银行于2007年在其研究报告《东亚复兴：关于经济增长的观点》中，提醒广大发展中国家应努力避免掉入"中等收入陷阱"，即指一些发展中国家走出"低水平均衡陷阱"之后，虽然进入中等收入行列，但却很少有国家能够顺利进入高收入行列，长期徘徊在中等收入区间，他们或是陷入增长与回落的循环之中，或是较长期处于增长十分缓慢甚至停滞的状态。比较典型的例证是一些拉美国家，如巴西、阿根廷、智利、哥伦比亚、墨西哥、乌拉圭等国陆续达到中等收入水平，但至今都未能迈进高收入经济体。亚洲国家也有类似情况，如马来西亚和叙利亚分别于1977年和1978年达到中等收入水平，但至今仍属中等收入经济

---

[①] 国务院新闻办：《中国农村扶贫开发的新进展》，人民出版社2011年版，第10页。

体，叙利亚甚至一度重回低收入经济体行列。掉入"中等收入陷阱"的经济体，其经济社会发展呈现一些共同的特征：经济增长不稳定、金融体系脆弱、收入差距过大、公共服务短缺及创新能力不足。此外，陷入"中等收入陷阱"的经济体，还存在贫困集中、就业困难、城市化失序、腐败严重、信仰缺失、社会动荡等诸多问题。

中国1980年人均国民收入为220美元，属于低收入国家；2001年人均国民收入首次突破1 000美元，步入中等偏下收入国家的行列；2010年人均国民收入达到了4 260美元，进入中等偏上收入国家行列。大量研究分析认为，中国经济目前仍有可能保持较高速增长，继续工业化和城市化进程，通过区域平衡发展战略为欠发达地区提供发展机遇，这些是中国避免"中等收入陷阱"的有利条件。但研究也表明，近年来中国经济增长的约束条件明显增加。第一，经济增长后劲不足，经济减速的压力增大。第二，经济结构调整难度大，对粗放型增长方式存在惯性依赖。第三，金融深化不足，风险过于集中。第四，收入分配差距扩大，特别是城乡收入差距持续拉大。统计数据表明，中国城乡居民收入比在波动中趋向扩大，如果加进城市居民的各种社会福利，城乡居民的收入差距更大。第五，基本公共服务供给总体不足，而且城乡间供给差别大。上述风险对贫困地区影响很大，尤其是贫富差距的存在和扩大，极易引发社会失衡和社会矛盾。国际经验教训表明，掉入"中等收入陷阱"的国家，无一例外地受困于社会财富的分配不公和贫富差距两极分化。因此，中国进一步发展应遵循动态均衡发展战略，努力消除社会财富分配不公和贫富两极分化，这是避免掉入"中等收入陷阱"的必要条件。

## 二、研究意义

**1. 对于丰富减贫研究具有重要的理论意义**

世界和中国减贫史上每一次重要进步，都伴随着减贫理论的重要突破和发展。同样，世界和中国减贫史上每一次理论创新，都必然将减贫实践推向一个新境界。减贫理论研究同样具有阶段性和层次性特征，在不同的经济社会发展阶段，贫困的特征和减贫的手段均有所不同，根据社会特征变化及时调整减贫策略,显然是非常必要的。而且,将减贫与发展联系起来阐述,有利于人们认清减贫行动的实质是发展问题,减贫将始终内涵于经济社会发展,两者的不可分割性和内在联系性,使得发展必须高度重视和解决不同阶段的减贫问题。本书的研究,就是立足于中等收入阶段的发展中大国——中国的基本国情,探讨特定阶段中国减贫的发展战略和政策选择,这是一个新的研究视角,对于丰富减贫理论、把握全球减贫一般规律具有积极作用。

**2. 对于推动中国减贫发展进程具有现实意义**

以中等收入阶段和中国为本书研究的时间与空间定位,对于促进中国减贫发展具有重要现实意义。第一,中国作为发展中大国,拥有1/5的世界人口,这个庞大群体的生存发展问题不仅仅是中国事务,更是全球事务。中国已成功解决了这一群体的温饱问题,对全球减贫事业作出重大贡献。继续推动这个庞大群体的发展,对于促进全球和平与发展事业,同样具有举足轻重的作用。第二,"中等收入陷阱"问题已成为步入中等收入发展阶段国家普遍面对的难题,中国同样面临掉入"中等收入陷阱"的风险,化解风险和继续向高收入发展阶段攀升,必须制定科学发展战略。本书基于中等收入阶段中国经济社会发展特征和贫困特征,提出了三位一体的减贫发展战略。第三,面对纷繁的国际政治经济格局和秩序,中国经济社会转型在全球化背景下形势更趋复杂,能否成功转型,建设一个更加和谐、包容的社会,中国既要着眼世界在国际社会中发挥重要的导向、平衡和协调作用,更要立足国内努力解决好自身的减贫发展问题,促进建设更加繁荣、文明和富强的中国。本书在政策层面尝试探讨了中国减贫发展在财税金融、人力资源、社会发展和专项减贫政策方面的问题。

**3. 对于促进社会公平正义具有实践意义**

贫富差别过大甚至两极分化是社会不公正的表现。在社会学意义上,减贫的目的是促进社会公正。根据罗尔斯基于公平的正义理论[①],社会公正的功能性结构由分配的结果公正、起点公正(机会均等)和过程公正(程序公正)三个要素构成,从这三个功能性要素可以相应推出贫困地区

---

① 罗尔斯的正义论包含三个原则:平等自由原则、机会均等原则和差别原则。

和贫困人口发展的三大原则,即均衡发展原则:贫困地区与发达地区均衡发展,乡村与城市统筹发展,贫困地区和贫困人口享受大致相等的基本公共服务;主体赋权和参与原则:贫困人口是贫困地区发展的主体,享有发展的参与权、决策权、管理权和监督权;优惠合理原则:对应于差别原则和优惠合理原则,贫困地区和贫困人口可以享受额外的照顾与优惠,当然这样的优惠必须遵循合法的理由及程序。本书相关内容的研究遵循了上述原则,因而对中国和谐社会与公正社会建设具有实践意义。

此外,本书的研究对于其他处于中等收入阶段的发展中国家的减贫工作也有一定的借鉴意义。但由于各国情况和条件迥异,本书的结论并不具有普遍适用性,仅可作为其他国家研究本国类似问题的参考。

## 第 2 节
### 国内外文献综述

#### 一、国外研究综述

**1. 贫困内涵的扩展——从收入贫困到能力贫困再到权利贫困**

美国发展经济学家坎波尔(Ravi Kanbur,1999)和世界银行学者斯奎尔(Lyn Squire,1999)在对贫困思想演变进行的专题性分析中认为:"贫困的定义最初强调对市场上可以买到的物品的支配能力(收入),现在则扩大到包括生活标准在内的其他方面,诸如寿命、读写能力和健康等。随着我们对穷人的了解不断增加,我们从他们那里学到的东西也不断增多,贫困的概念已经进一步发展到反映一种对脆弱性和风险的关心,对没有权利和缺少发言权的担心"。[①] 上述看法简明扼要地论述了贫困定义发展的三个阶段,即从初期的单一收入贫困发展到多元的能力贫困,再到目前包含非经济因素的(政治的、法律的、社会的)权利贫困,对贫困内涵的认识正在不断深化,贫困理论范畴已超越经济范围,更多地融入社会及政治

---

① 杰拉尔德·迈耶、约瑟夫·斯蒂格利茨:《发展经济学前沿——未来展望》,中国财政经济出版社 2003 年版,第 131 页。

领域。

（1）收入贫困。贫困的定义源于20世纪初英国学者朗特里在其著作《贫困：城镇生活研究》中的描述："如果一个家庭的总收入不足以支付仅仅维持家庭成员生存需要的最低量生活必需品开支，这个家庭就陷入了基本贫困之中。"[①] 这种依据家庭经济状况来界定的贫困被称为收入贫困（income poverty），也叫做物质贫困。收入贫困有绝对贫困和相对贫困的区分。绝对贫困通常是从人体生物学方面维持生存所必需的食品、衣着、住房等最低需要进行界定。英国社会学家奥科克（Pete Alcock, 1993）在其著作《认识贫困》中描述了绝对贫困："绝对贫困被认为是一个客观上的定义，它建立在维持生存这个概念的基础上，维持生存就是延续生命的最低需求，因此，低于维持生存的水平就会遭受绝对贫困，因为他没有足以延续生命的必需品"。[②] 关于相对贫困，世界银行指出："相对贫困是指某人或某家庭与本国的平均收入相比，例如将贫困线划定为平均收入的一半或分配额的40%，相对贫困线随着平均收入的不同而不同"。[③] 绝对贫困和相对贫困的区别在于：首先，绝对贫困以维持个人或家庭生存临界点为特征，是指物质生活状况处于或低于生存临界点而不能够维持生存的一种状态，又称为生存贫困；而相对贫困是在生存临界点之上，在绝对贫困基本解决之后因社会不平等导致经济社会出现差距所产生的一种不平衡现象。其次，绝对贫困与最低生理需要有关，而相对贫困与收入分配相关，如果一个国家或地区的基尼系数为0或者为1，为绝对平等或绝对不平等。最后，绝对贫困是"相对的"，在不同国家或一国的不同发展阶段其贫困标准不同；而相对贫困是"绝对的"，一个国家或地区无论怎样发展，贫富差距只能够缩小而无法消除，因此社会中总有一部分人口处于相对贫穷状态。

（2）能力贫困。能力贫困（capability poverty）是阿马蒂亚·森（Amartya Sen, 1993）首创的贫困理论。他在研究不平等问题的同时开始关注贫困问题。在《以自由看待发展》中，森认为贫困必须被视为基本可行能力的

---

[①] B. Seebohm Rowntree, 1901, *Poverty: A Study of Town Life*, Palgrave Macmillan, 2003, P. 186.
[②] Alcock, 1993, *Understanding Poverty*, London. Mcmillan, P. 58.
[③] 世界银行：《贫困与对策》，经济管理出版社1996年版，第3~4页。

被剥夺，而不仅仅是收入低下，而这却是现在识别贫穷的通行标准。① 在能力分析的框架内，森将贫困视为达到某种最低可接受的目标水平的基本能力的缺失，这与收入贫困分析形成了鲜明的对比。第一，贫困并不是个体福利少，而恰恰是缺乏追求个体福利的能力。第二，能力贫困说明贫困性质具有多维度，从而更真实地反映贫困状态。收入贫困只是一种"具有工具性意义的"剥夺类型，还有其他因素影响可行能力的被剥夺。例如，营养不良、文盲和疾病导致的能力缺失所产生的贫困。第三，低收入与低可行能力之间在不同的家庭或个人之间是可变的。森的能力贫困理论被运用于全球反贫困的政策实践。联合国1990年人类发展报告采纳了森的贫困思想，在森的能力贫困理论基础上提出了人类贫困这一新贫困概念，并构建了人类发展指数，每年向全球公布。这改变了以往仅以物质资源和收入来定义贫困的狭隘观点，将贫困内涵拓展到"缺少达到生活水准的能力"。从人类发展和能力贫困的视角，在考虑贫困问题时除收入外，还须考虑人口寿命、营养状况、健康条件、儿童入学率、识字率、受教育机会、婴儿死亡率、孕产妇死亡率等社会福利方面的内容。《2006年世界发展报告》更明确指出："任何发展的目的都是要使人们拥有更美好生活的能力，这就意味着应投资于他们的教育、健康以及风险管理的能力"②，并特别强调公平获取能力，主要是通过儿童的早期发展、正规教育、卫生服务和社会保障来实现发展机会的均等化。《2007年世界发展报告》则专门针对下一代青年人制定发展的政策框架，通过向青年人的五个生命过渡期进行投资，提高其学习能力、改善其基本技能、积累其工作技能、增强其决策能力，为青年人拓宽机会培育人力资本，培养青年人的自主决策能力。③

（3）权利贫困。20世纪90年代以来，权利贫困④（entitlement poverty）的概念被越来越广泛地运用于贫困研究中。所谓权利贫困是指在缺乏平等权利和社会参与条件下，社会的一部分特殊人群的政治、经济、文化权利

---

① 阿马蒂亚·森：《以自由看待发展》，中国人民大学出版社2002年版，第85页。
② 世界银行：《2006年世界发展报告》，清华大学出版社2006年版，第132页。
③ 世界银行：《2007年世界发展报告》，清华大学出版社2013年版，第5页。
④ 洪朝辉认为，权利贫困主要表现为一种社会权利贫困，包括社会权利的内容缺失、获取社会权利的机会不平等、社会权利缺乏法律保障。参见洪朝辉：《论中国城市社会权利的贫困》，载于《江苏社会学》2003年第2期。

及基本人权缺乏保障，使其难以享有与社会正式成员基本均等的权利而被社会排斥或边缘化所导致的一种生活困难状态。这些社会权利缺乏主要体现为社会剥夺、社会排斥、脆弱性等方面。

第一，社会剥夺。英国社会学家汤森德（Peter Townsend, 1979）提出"相对剥夺"（relative deprivation）的概念，认为所有居民中那些缺乏获得各种食物、参加社会活动和最起码的生活及社交条件资源的个人、家庭与群体就是所谓的贫困。[1] 汤森德（1993）将剥夺分为物质剥夺和社会剥夺，前者与食物、衣服和住房相关，后者则与家庭、娱乐和教育相连。贫困被界定为一种相互依存、相互作用的社会关系，即贫困具有强烈的社会属性，而不限于简单的物质领域。

第二，社会排斥。[2] 伯查德（Burchard, 2002）认为，"社会排斥是个人生活居住在一个社会中，没有以这个社会的公民身份参与正常活动的状态。社会成员在消费、生产、政治、社会互动的参与不足、不参与都可能被认为是社会排斥的存在"。[3] 贫困研究在社会学领域一直和社会分层、社会阶级、社会不平等、社会低下层等结构分析联系在一起，运用社会排斥理论分析贫困问题便成为题中应有之义。乔丹（Jordan, 1996）指出，较之于过去的贫困理论，社会排斥不仅是表示社会成员收入低下，而且还表现出他们参与社会生活的不足；[4] 韦格尔（Wagle, 2002）认为，社会排斥理论对贫穷的解释，相对于绝对贫困和相对贫困的研究，相对于贫穷与剥夺、贫穷与个人能力不足的研究更具说服力，是贫困理论研究的新阶段。[5] 森在提出能力贫困以后，又把贫困、能力剥夺与社会排斥联系在一起，进一步探讨了这三者之间的内在关系。森在《论社会排斥》一文中首先追溯了社会排斥的思想渊源，认为从能力剥夺角度出发考察社会排斥，才会对

---

[1] Townsend, P., *Poverty in the United Kindom: A Survey of Household Resources and Standards of Living*, University of California Press, 1979.

[2] 法国学者勒内·勒努瓦（Lenoir）1974年提出，主要用于指经济领域中的相互排斥，后来扩展到指社会的各个方面。

[3] Burchard, T., Le Grand, J. & Piachaud, D., "Social exclusion in Britain 1991 – 1995", *Social Policy and Administration*, 33, (3), 2002.

[4] Bill Jordan, *A theory of Poverty and Social Exclusion*, UK: Polity Press, 1996.

[5] Wagle, U., "Rethinking Poverty: Definition and Measurement", *International Social Science Journal*, 54, (171), 2002.

社会排斥研究做出更全面的评价。英国学者托尼·阿特金森（Tony Atkinson，2005）研究了社会排斥、失业与贫困之间的关系。[①] 伦斯基（Lenski，1966）从利益群体在资源分配中对有限资源争夺导致的不平等研究剥夺、排斥与贫困的关系，指出贫困者之所以贫困，主要是由于他们拥有的资源太少。

第三，脆弱性。把贫困与脆弱性联系起来是20世纪90年代中期以来贫困研究的一个新趋势。莫泽（Moser，1998）指出，当贫困被看作一种动态现象时，脆弱性也就成为一种动态概念被认识和描述。[②] 它指的是贫困人口中的一部分因为外部条件变化，特别是因遭遇市场（如价格波动、工资变动和失业）、政策（如补贴或价格调整、收入转移等）、环境（如洪灾、干旱、病虫害）、健康（如疾病、伤害）及社会（如降低社区认同和授权）等方面的风险所引致的波动与不稳定。脆弱性是一种对贫困人口或者其家庭财产和福利损失的一种衡量方式，因此风险与脆弱性紧密相关。法灵顿等（Farrington et al.，2002）指出，降低脆弱性正在迅速成为农村发展政策的一个中心内容。[③] 脆弱性也与权利贫困相关，钱伯斯（Chambers，1989）将脆弱性描述为"暴露于冲击、压力和风险之中的外在方面及孤立无助的内在方面，这两方面都意味着缺少应付破坏性损失的手段。[④]

如此，贫困人口经济上缺少收入，政治上缺少权力，言论上缺少话语权，再加上外部冲击和压力，极易经常性地陷入贫困并且很难从其中恢复过来。

**2. 不同学派对贫困的认识**

（1）马克思主义学派的贫困理论。该学派吸收了空想社会主义者的思想精华。大约从16世纪开始，空想社会主义者从贫困原因角度对资本主

---

[①] 托尼·阿特金森、丁开杰：《社会排斥、贫困和失业》，载于《经济社会体制比较》2005年第3期。

[②] Moser, C. (1998), "The Asset Vulnerability Framework: Reassessing Urban Poverty Reduction Strategies", *World Development*, Vol. 26, No. 1, pp. 1 – 19.

[③] Farrington, J., et al. (2002), "Extension, Poverty and Vulnerability: The Scope for Policy Reform, Final Report of a Study for the Neuchatel Initiative".

[④] Chambers, R. (1989) "Editorial introduction: Vulnerbility, coping and policy" *Institute of Development Studies Bulletin*, Vol. 20, No. 2, pp. 1 – 7.

制度进行批判，认为贫困是资本主义制度违反理性原则的集中表现。不同时期的空想社会主义者揭示的贫困原因主要有：社会不平等、分配不均、维护剥削者利益的政治制度，法律的虚伪和不公正。种种原因都产生于同一根源，即财产私有制。莫尔1916年就在《乌托邦》中描述，"私有制存在一天，人类中绝大的一部分也就是最优秀的一部分将始终背上沉重而甩不掉的贫困灾难担子"[①]。17世纪英国空想社会主义者、掘地派领袖温斯坦莱指出，私有制产生以后，人们之间就出现了贫富差别而不再是兄弟关系，丧失土地的人就成了自己同胞的奴隶，陷入受奴役状态。19世纪初，英国的欧文也指出，私有制是贫困的唯一根源。正是因为私有制是贫困和灾难的根源，所以消灭私有制几乎是所有空想社会主义者的共同主张。他们描绘的理想社会的美妙图景，充分体现了进步思想家们对私有制度弊端的批判，以及对消除贫富对立的追求。

马克思主义贫困学说具有阶级贫困的性质和制度分析的特点，是资本主义制度下无产阶级贫困化及其趋势的理论。马克思主义关于贫困和反贫困理论的主要观点是：资本主义制度下，资本积累是绝对的；资本积累是剩余价值规律和竞争规律发生作用的必然结果，而剩余价值规律和竞争是在资本主义财产占有制度之上产生和发生作用的经济规律；资本积累的必然趋势是，一极是资产阶级财富的积累，另一极是无产阶级贫困的积累。因此，资本主义的财产占有制度是导致无产阶级贫困的最终根源。无产阶级摆脱贫困的唯一出路是推翻资本主义财产占有制度，在改变旧制度并建立新制度中实现反贫困的目标。马克思主义无产阶级贫困理论部分地解释了当今不发达资本主义国家的贫困根源。但是，马克思主义无产阶级贫困理论的研究对象主要是处于"纯粹资本主义社会形态"中的阶层性贫困，而当今世界上存在的贫困，不仅发生在"处于纯粹形态的资本主义社会"，不发达国家也存在庞大贫困人口；不仅是资本主义的发展造成的，也是资本主义欠发展造成的；不仅是参与了发展却很少分享发展成果造成的，也是无缘参与现代发展过程造成的。因此，无产阶级贫困理论不足以诠释当今社会致贫的全部起因。

---

① 托马斯·莫尔：《乌托邦》（戴镏龄译），商务印书馆2007年版，第44页。

(2) 西方经济学派的贫困理论。英国经济学家托马斯·罗伯特·马尔萨斯（Thomas Robert Malthus, 1798）在其代表作《人口原理》中提出了所谓的"人口法则"，较早对贫困问题进行了理论探索。发展经济学家们围绕发展中国家贫困的原因以及如何摆脱贫困这两个基本问题，从不同角度进行了深入分析，创立了一系列著名的理论和模型，并在此基础上提出了各种政策主张。其中有代表性的包括：罗森斯坦·罗丹（Rosenstein Rodan, 1943）的"大推进"理论；弗朗索瓦·佩鲁（Francois Perroux, 1955）的"增长极"理论；拉格纳·纳克斯（Ragnar Narkse, 1953）的"贫困恶性循环"理论；纳尔逊（Nelson, 1956）的"低水平均衡陷阱"理论；冈纳·缪尔达尔（Cunnar Myrdal, 1957）的"循环积累因果关系"理论；阿尔伯特·赫希曼（Albert Hirschman）于20世纪60年代提出的"不平衡发展"理论；威廉·阿瑟·刘易斯（Willian Arthur Lewis, 1954）的"二元经济"模型；西奥多·舒尔茨（Theodore Schultz, 1960）的"人力资本"理论。此外，还有华尔特·惠特曼·罗斯托（Walt Whitman Rostow, 1960）的"经济起飞"理论，劳尔·普雷维什（Raul Prebisch, 1949）的"中心—外围"理论等。尽管这些理论与政策主张有着不同程度的片面性，但在当时的历史条件下，对发展中国家消除贫困和经济发展起到了非常重要的促进作用。此外，福利经济学派也对贫困现象做出阐述，森是该学派的代表人物。

(3) 西方社会学派的贫困理论。社会学家从功能、文化、代际等角度对贫困与反贫困进行了研究，形成了社会学派的贫困理论体系。第一，贫困功能理论认为，贫困是社会存在的一种功能和一种需要。美国著名的社会学家赫伯特·甘斯（Herbert Gans）和塔尔科特·帕森斯（Talcott Parsons）是该理论的主要代表人物。该理论认为：贫困者之所以贫困，或者因为他们天赋较低，或者由于他们不愿意为接受较高的教育培训而付出代价，因而只能担当较低的工作职位，低职位决定低工资，低工资导致贫困状态；而贫困自身的存在对整个社会也会有积极作用，发挥着有利于社会正常运转的功能，并有助于保持社会效率。贫困功能论是以"贫困的存在肯定会推动社会发展或有利于社会运转"这一假设为理论前提的，事实上，在许多情况下，贫困的存在与恶化恰恰破坏了社会稳定和正常社会秩序。第二，与贫困功能理论相对应的是社会分层理论。为什么会出现社会分层？为什么在财富、权力和声望等方面人们有如此大的差异？期间出现了两个基本相对的答案。一是以金斯利·戴维斯（Kingsley Davis）和威尔伯特·莫尔（Wilbert Moore）为代表的功能主义学派认为，社会不平等不仅是不可避免的，而且事实上对于社会的正常运转也是必要的；二是以米尔斯（C. W. Mills）和达伦多夫（R. Dahrendorf）为代表的冲突理论学派认为，社会位置高的人获得巨大的财富、声望和权力是因为他们获得了对稀缺资源的垄断，并且为了自己的利益而不让这些资源广为扩散。第三，贫困文化理论。美国人类学家奥斯卡·刘易斯（Oscar Lewis, 1959）在《五个家庭：关于贫困文化的墨西哥人实例研究》一书中首先提出"贫困文化"的概念。他认为，贫困文化是对贫困的一种适应，是穷人自我维护的需要，也是贫困长期存在的根源。第四，贫困代际传递理论。贫困代际传递是指贫困以及致贫因素在家庭内部由上一代传递给下一代的这样一种恶性循环；也指在一定的社区或阶层范围内贫困及致贫因素在代际之间延续的现象。斯坦因伯格（Stenberge, 2000）提出了三种相关性解释。第一种解释与文化因素相关，类似于奥斯卡·刘易斯（Oscar Lewis）的观点。第二种解释与社会政策相关，强调了福利依赖的代际传递性。米德（Mead, 1992）认为，福利依赖的家庭因为长期接受福利救济已经改变了价值观，从而陷入"贫困陷阱"。第三种解释与经济结构因素相关，贝克尔（Becher）和托马斯（Tomes）1986年的研究强调了贫困与劳动力市场的关联。关于贫困代际传递的成因，国际持续性贫困研究中心的凯伦·摩尔（Karen Moor）等作了较全面的分析，认为影响贫困代际传递的因素包括人口与健康、社会与文化、经济政治和生活环境等。贫困代际传递理论对贫困本质及发展趋势的理解有其独到的分析，对于完善减贫战略、创新减贫制度和政策具有启示意义。

### 3. 关于减贫策略研究

有代表性的分析包括PGI三角关联（贫困、经济增长与收入不平三者间的关系）、益贫性增长和包容性增长。

（1）PGI三角关联。PGI三角（PGI triangle）关联是指在贫困（poverty）、经济增长（growth）、收入不平等（inequality）三者之间存在着关联，其含义是任何贫困的变化都可精确地表示为增长和不平等变化的数学函数（Wan，2008）。这是经济学家对发展中国家进行实证研究得出的重要判断。早期，发展中国家普遍认为，只要实现经济增长就可以消除贫困。但是20世纪60年代以后发展中国家的实践表明，仅仅依靠经济增长并不能自动消除贫困问题，社会财富分配制度也是影响贫富状况的重要因素。如果社会财富分配制度不公平，经济增长越快就会导致贫富差距越大。世界银行《2000/2001年世界发展报告》指出：减贫有赖于经济增长，经济增长是减少收入贫困的强大动力，但是减贫程度并不完全依赖于经济增长。PGI三角关联告诫人们，物质匮乏不是贫困发生的唯一原因，制度缺陷也是贫困发生的起因。因此，世界各国的减贫实践需要重视兼顾效率与公平原则，既要有经济效率，还要有社会公平。

（2）益贫式增长。益贫式增长（Pro-Poor Growth）是指有利于贫困人口发展的经济增长方式。钱纳里和阿鲁瓦利亚（Chenery & Ahluwalia，1974）建立的增长再分配模型（redistribution with growth）被视为益贫式增长的起源。世界银行（World Bank，1990）提出有广泛基础的增长（broad-based growth），强调社会利益共享。亚洲开发银行（ADB，1999）将益贫式增长作为减贫战略的重要支柱。联合国（United Nations，2000）、经济合作与发展组织（OECD，2001）将益贫式增长广义地定义为有利于贫困人口的增长，但定义没有定量分析贫困人口从增长中获益的程度。怀特和安德森（White & Anderson，2000）提出绝对益贫式增长概念，即贫困人口得到的增长的绝对利益等于或多于非贫困人口的获得。经济学家发现实践中难以实现绝对益贫式增长，进一步研究提出相对益贫式增长[①]，即贫困人口收入增长比例大于非贫困人口收入增长比例，或贫困人口收入增长率超过社会平均收入增长率，这表明经济增长在减贫同时改善了社会不平等。多拉尔和克雷（Dollar & Kraay，2002）、克拉森（Klasen，2003）、伦德伯格和斯夸尔（Lundberg & Squire，2003）、洛佩斯（Lopez，2004）等开展了益贫式增长策略研究，指出较低的通胀水平与基尼系数显著负相

---

① 麦卡洛克和鲍尔奇（1999）、卡克瓦尼和佩尼亚（2000）、拉瓦雷和陈（2003）、孙（2004）、卡拉森（2005），以及卡克瓦尼和孙（2007）的研究都是基于相对益贫式增长的定义。

关、与增长显著正相关。克里斯蒂安森（Christiansen，2003）等运用财政金融政策创建了宏观政策指数，发现非洲国家在改进宏观政策指数的同时减少了贫困人头指数。多拉尔和克雷（Dollar & Kraay，2002、2004）研究认为，开放贸易政策与经济增长和贫困减少正相关。

（3）包容性增长。"包容性增长"[①]的初始意义是能创造出生产性就业岗位的高增长、能确保机遇平等的社会包容性以及能减少风险，并能给最弱势群体带来缓冲的社会安全网；目的在于最大程度地让普通民众分享经济发展成果。包容性增长作为一种新的经济社会发展理论，其内涵是多元的，强调"参与"和"共享"，旨在坚持发展经济、坚持社会公平正义、坚持以人为本，让经济全球化和经济发展成果通过减贫政策、扩大生产性就业领域、提高人力资源能力和社会保障能力等途径，惠及所有国家和地区、惠及所有人群。利益共建共享是包容性增长的核心价值观，因此包容性增长至少需要满足三个基本条件：一是可持续的经济增长；二是包容贫困人口在内的所有社会成员，给予社会成员平等的机会。三是促进所有社会成员共享发展成果。亚洲开发银行率先提出了"包容性增长"理念，世界银行在深化"有广泛基础的增长"（broad-based growth）和"益贫式增长"（pro-poor growth）等理念基础上，也提出要维持长期的"包容性增长"，[②]并以此制定世界银行的减贫政策和指导各国减贫实践。

## 二、国内研究综述

### 1. 贫困基本问题的研究

（1）农村贫困标准。《中国农村贫困标准》课题组（1990）将贫困标准定位在测定和计算维持基本生存需求量的界线和尺度上。课题组还分别就贫困人口、贫困县提出了不同的贫困测定标准。[③] 童星和林闵钢（1994）则按照客观相对贫困标准、客观绝对贫困标准、主观相对贫困标准以及主

---

[①] 亚洲开发银行在《新亚洲、新亚洲开发银行》（Toward a New Asian Development Bank in a New Asia）的研究报告中首先提出"包容性增长"的概念。
[②] 世界银行增长与发展委员会：《增长报告：持续增长与包容性发展战略》，2008年5月。
[③] 中国农村贫困标准课题组：《中国农村贫困标准研究》，载于《统计研究》1990年第6期。

观绝对贫困标准四个视角，对农村贫困标准进行测定，并将中国农村贫困线分为特困线（活命线）、温饱线（贫困线）和发展线（脱贫线），分别给出了三种贫困线的测定方法和测定结果。① 李实、古斯塔夫森（1996）运用贫困距方法对中国农村的绝对贫困线和相对贫困线进行了测定。②

（2）农村贫困的类型。吴国宝（1996）从扶贫战略的角度，将贫困分为资源或条件约束型贫困和能力约束型贫困。前者表现为资金、土地和基础设施方面约束导致的贫困，通常表现为一种区域性贫困；而后者则是由于劳动力缺乏正常的体力、智力以及必要的技能而引起的贫困，通常表现为一种个体贫困。③ 胡鞍钢（2001）提出贫困人口存在"知识贫困"的问题，认为不仅要关注收入贫困，更要注重人类贫困问题。④ 沈小波、林擎国（2003）认为贫困不仅有收入贫困，还有知识贫困、健康贫困和信息贫困，贫困不仅是指收入水平低、物质匮乏，还包括低水平的教育和健康、面临风险时的脆弱，以及缺乏信息等。⑤ 范永忠、范龙昌（2011）认为新形势下农村贫困问题复杂，绝对贫困大有改善，相对贫困日益突出，返贫现象凸显严重，追根溯源权利贫困是导致农村贫困的根源。⑥

（3）贫困的计量与定量分析。李实、古斯塔夫森（1996）应用简金斯和拉姆勃特的贫困缺口倒置的一般化洛伦茨曲线（Inverse Generalised Lorenz Curve）计算出1988年全国分城乡和地区的贫困程度，结果表明，中国贫困主要发生在农村，农村贫困的地区差异非常明显，西部农村贫困发生率高于东部农村。⑦ 林闽钢（1995）提出区域性贫困测度的标准，提到世界范围测度贫困的物质生活质量指数和人类发展指数的理论与方法，

---

① 童星、林闽钢：《中国农村贫困标准线研究》，载于《中国社会科学》1994年第3期。
② 李实、古斯塔夫森：《八十年代末中国贫困规模和程度的估计》，载于《中国社会科学》1996年第6期。
③ 吴国宝：《对中国扶贫战略的简评》，载于《中国农村经济》1996年第8期。
④ 胡鞍钢：《贫困与反贫困》，收录于胡鞍钢主编《地区与发展——西部开发新战略》，中国计划出版社2001年版。
⑤ 沈小波、林擎国：《反贫困：认识的转变与战略的调整》，载于《中国农村观察》2003年第5期。
⑥ 范永忠、范龙昌：《中国农村贫困与反贫困制度研究》，载于《改革与战略》2011年第10期。
⑦ 李实、古斯塔夫森：《八十年代末中国贫困规模和程度的估计》，载于《中国社会科学》1996年第6期。

提出在中国建立农村贫困监测体系的目的与基本思路。[1] 胡兵、胡宝娣等（2005）利用洛伦茨曲线、贫困缺口（FGT）指数和收入不均等的基尼系数，测定了中国农村1985～2003年的收入贫困状况。[2]

**2. 减贫战略和模式研究**

（1）农村减贫战略研究。朱玲（1992）在分析地区性贫困以及贫困人口的分布以后，提出应采取四种扶贫战略：引入效率导向的扶贫战略、通过地区性经济增长缓解贫困的战略、调整人与资源关系的发展战略，以及建设基本农田解决山区人口缺粮战略。[3] 汪三贵（1994）认为，反贫困是政府的一项基本职责，反贫困政策主要应围绕生活救济与发展援助两个方面展开。为在20世纪末完成"八七扶贫攻坚计划"的目标任务，应通过向贫困地区提供社会服务和直接面向贫困者来调整扶贫战略。[4] 吴国宝（1996）提出了一个分析扶贫战略的框架，并总结了第一代扶贫战略的特点，认为它是一种将扶助穷人与实施贫困地区经济发展相结合的战略，扶贫战略是在计划经济体制下运行的，政府参与过多，出现了将非贫困地区穷人排斥在外，而又使贫困地区的非穷人受益的情况。同时这种战略将本不属于扶贫的国土开发与整治纳入其中，无疑降低了扶贫的效率。[5] 余华银（1998）则从反面提出扶贫战略存在的五大误区，提出教育扶贫是根本、政策扶贫是保障的观点。[6] 安树伟（2001）重点从将反贫困纳入法制化以及提高贫困人口的参与能力方面提出了反贫困的对策。[7] 卢锋（2001）提出了中国第二代农村反贫困战略，认为确定扶贫标准要实现从基本解决温饱向接近国际标准方向转变，利用扶贫资金实现从集中投资生产项目向增加人力资本投资方向转变，分配扶贫资源从县级瞄准向乡村户的转变，实施扶贫策略实现从政府主导型向政府与非政府组织合作模式转变。[8] 段

---

[1] 林闵钢：《建立中国农村贫困监测体系研究》，载于《农业经济问题》1995年第10期。
[2] 胡兵、胡宝娣：《经济增长、收入分配对农村贫困变动的影响》，载于《财经研究》2005年第8期。
[3] 朱玲：《中国扶贫理论和政策研究述评》，载于《管理世界》1992年第4期。
[4] 汪三贵：《反贫困与政府干预》，载于《管理世界》1994年第3期。
[5] 吴国宝：《对中国扶贫战略的简评》，载于《中国农村经济》1996年第8期。
[6] 余华银：《论中国扶贫战略的误区》，载于《农业经济问题》1998年第9期。
[7] 安树伟：《21世纪初中国贫困形势与反贫困对策研究》，载于《中州学刊》2001年第1期。
[8] 卢锋：《第二代农村反贫困战略》，载于《中国改革》2001年第11期。

世江、石春玲（2004）将反贫困战略重点放在培育和增强社会资本、投资和积累人力资本两个方面，认为反贫困要坚持"以人为本"的科学发展观，实现以人的发展带动和创造经济发展的新格局。[1] 叶普万（2004）认为特殊背景条件下形成的以区域优先发展为核心的扶贫战略，存在着扶贫主体的政府主导性、扶贫客体的宽泛性、扶贫方式的简单性和扶贫行为的短期性等缺陷，因此反贫困战略的设计应着重从扶贫主体多元化、扶贫客体微观化、扶贫政策规范化，以及提高人力资本水平等多重视角进行。[2] 熊理然、成卓（2008）把中国贫困地区定位成重要的生态保障区、原生态文化的发源区、重要的战略资源储备区和国防安全的前沿阵地，并基于贫困地区的功能定位，提出了中国农村反贫困战略调整的思路。[3] 刘军民（2011）认为加快发展方式转变对减贫产生了深刻影响，在新背景下需要调整扶贫战略，将减贫目标更好地融入于经济发展战略之中，推进利贫式包容性增长。[4] 将人力开发作为增强贫困人口可持续发展能力的着力点，从以开发式扶贫为重点转向"赋能式"综合扶贫，从"救济式"扶贫转向"预防型、保障型、发展型"多维式扶贫；以实施基本公共服务均等化为要领，着力改善贫困地区生产、生活、生态条件，重点健全城乡社会安全网。

（2）关于减贫的模式。赵昌文、郭晓鸣（2000）依据不同的标准划分了多种扶贫模式，并重点对开发式扶贫模式、小额信贷扶贫模式、异地开发扶贫模式、对口扶贫模式以及企业扶贫模式进行评析，提出中国应选择"政府支持背景下的农户参与式扶贫模式"。[5] 郑功成（2002）认为，政府扶贫存在着财力不足、效率偏低、强化官僚系统及容易滋生腐败等不足，

---

[1] 段世林、石春玲：《中国农村反贫困：战略评价与视角选择》，载于《河北大学学报》2004 年第 6 期。

[2] 叶普万：《中国扶贫战略的偏差及其修正》，载于《兰州大学学报》（社会科学版）2004 年第 5 期。

[3] 熊理然、成卓：《中国贫困地区的功能定位与反贫困战略调整研究》，载于《农业经济问题》2008 年第 2 期。

[4] 刘军民：《转变发展方式与减少贫困的相关性分析》，载于《华中师范大学学报》（人文社会科学版）2011 年第 4 期。

[5] 赵昌文、郭晓鸣：《贫困地区扶贫模式：比较与选择》，载于《中国农村观察》2000 年第 6 期。

需要重视非政府组织（NGO）在扶贫中的作用。[1] 乔召旗（2009）也指出，在财政资金边际投入递减的前提下，需要创新中国扶贫体系，让更多非政府组织参与扶贫，发挥他们低成本、高效率的优势。[2] 沈小波、林擎国（2003）认为20世纪50至70年代，发展中国家反贫困模式不外乎是两种：一是政府主导的、内向型的经济发展与反贫困模式；二是市场主导的、外向型的经济发展与反贫困模式。而中国实行的是一种政府主导型的、注重物质资本投入的反贫困战略。[3] 刘若兰（2004）分析了中国存在的"数字鸿沟"现状，指出信息扶贫的必要性，并提出了信息扶贫的对策。[4] 王永平、孙全敏（2007）分析了农村信息扶贫工作的主要优势和思路，探讨了信息扶贫的切入点和有效的信息扶贫模式。徐秀军（2005）提出了绿色扶贫的概念，突出了生态保护对于扶贫的重要意义，强调扶贫不能以牺牲生态环境为代价，巩固扶贫成果需要发展生态经济。[5] 张峭、徐磊（2007）运用新古典经济学理论构建了中国科技扶贫模式的分析框架：科技供给主导模式主要有科技网络推广模式、区域支柱产业开发带动模式和易地科技开发模式；科技需求主导模式主要有龙头企业扶持模式、专业技术协会服务模式和小额信贷模式。[6] 陈怀叶（2008）从能力建设的角度分析了参与式扶贫对于培育新型农民的意义和作用。陆汉文（2008）在调查分析世界银行在华试点项目的基础上，提出社区主导型发展是一种适用于农村基层社区的上下合作式新型反贫困治理结构，可以提高扶贫资源响应农民需求的效率，增强农民和基层社区的发展意识和反贫困能力，推动长效反贫困机制的形成。陈标平、胡传明（2009）总结了中国农村反贫困模式演进与基本经验，将中国农村减贫划分为五个阶段：单一性、救济式扶贫阶段；区域性、救济式扶贫阶段；全国性、经济开发式扶贫阶段；参

---

[1] 郑功成：《中国的贫困问题与NGO扶贫的发展》，载于《中国软科学》2002年第7期。
[2] 乔召旗：《扶贫政策、经济增长对中国扶贫工作的影响》，载于《云南社会科学》2009年第2期。
[3] 沈小波、林擎国：《反贫困：认识的转变与战略的调整》，载于《中国农村观察》2003年第5期。
[4] 刘若兰：《关于"数字鸿沟"与信息扶贫的几点思考》，载于《情报杂志》2004年第6期。
[5] 徐秀军：《解读绿色扶贫》，载于《生态经济》2005年第2期。
[6] 张峭、徐磊：《中国科技扶贫模式研究》，载于《中国软科学》2007年第2期。

与性、综合开发式扶贫阶段；多元性、可持续发展式扶贫阶段。林万龙（2011）提出应建立城乡统筹的反贫困体系。①

（3）减贫效果评估。李小云、李周等（2005）提出了参与式贫困指数的概念，首先确定敏感的贫困村识别指标（包括经济、社会、土地、生态等十几项），其次研究这些指标的权重，然后进行标准化处理，最后计算出参与式贫困指数。②洪兴建、高鸿桢（2005）将一些综合性较强的贫困指数的变化分解成各潜在部分的变化，并研究各部分的影响趋势及程度。重新计算了中国农村贫困的发生率、贫困缺口率、Sen 贫困指数以及 FGT 贫困指数。结论表明，中国农村绝对贫困人口有较大幅度下降，但贫困强度近期反而增大，主要是扶贫的收益并非都是贫困者，而经济增长缓解贫困的效用被分配不公所减弱。③张锦华（2005）运用 Sen 指数的改进形式——SST 指数对中国农村的教育贫困进行测度，分析了农村劳动力教育贫困发生率、教育贫困差距率、教育贫困人口的基尼系数等，并将其测度进行了地区性分解，估计出中国东、中、西三大地带农村教育的贫困深度与贫困分布以及地区教育贫困差距，认为政策上要进一步加大教育扶贫力度，提高教育扶贫的效率以及明确教育扶贫的方向。④刘晓昀等（2003）采用多元回归分析方法估算了贵州农村道路等基础设施投资对贫困农户收支的影响。模型统计结果显示贫困农户能够从基础设施投资中获益。⑤张新伟（1998）运用博弈论方法研究了反贫困中的博弈问题。他将博弈分为贫困地区地方政府与上级政府的博弈和贫困农户与政府的博弈两个层面。博弈的结果可能导致一种新的"贫困陷阱"，它可能会形成影响扶贫效率的一种主要因素。⑥汪晓文、马凌云、李玉洁（2011）用 ELES 方法，通

---

① 林万龙：《贫困政策体系遭遇农村流动人口挑战》，载于《人民论坛》2011 年第 26 期。
② 李小云、李周等：《参与式贫困指数的开发与验证》，载于《中国农村经济》2005 年第 5 期。
③ 洪兴建、高鸿桢：《反贫困效果的模型分解法及中国农村反贫困的实证分析》，载于《统计研究》2005 年第 3 期。
④ 张锦华：《基于 SST 指数的中国农村教育贫困分析》，载于《中国农观察》2005 年第 5 期。
⑤ 刘晓昀等：《贫困地区农村基础设施投资对农户收入和支出的影响》，载于《中国农村观察》2003 年第 1 期。
⑥ 张新伟：《反贫困进程中的博弈现象与贫困陷阱分析》，载于《中国农村经济》1998 年第 9 期。

过对 1982～2008 年甘肃农村贫困人口及贫困发生率的研究发现，国家统一的贫困线标准会直接影响政府对贫困状况的评估。

**3. 不同层次的减贫实证研究**

（1）农村贫困的区域分析。杨秋宝（1996）分析了贫困地区农业的基本特征，提出了改造贫困地区传统农业的路径和推动农业发展的对策。[①] 许军（1998）认为区域开发式扶贫战略缺少充分针对性，指出扶贫应从区域定位转向瞄准贫困村和贫困户。[②] 安虎森（2001）从区域增长战略理论出发，分析了贫困落后地区的经济运行状况，认为贫困地区是用劳动力长边替代资本（技术）短边，通过超强开发土地资源，导致生态恶化并迫使这类地区投入更多的劳动力，从而形成难以遏制的恶性循环。因此，不能以集中投资的工业化战略来代替扶贫战略，应将资金更多地分配到社会基础设施建设上。[③] 还有一些学者分区域研究了中西部地区或某些省区的贫困问题。例如，段庆林（1996）指出，中国西部农村贫困的社会特征是区域性、民族性和结构性。[④] 朱玲（1996）考察了云南少数民族地区的扶贫战略与实施计划，提出采用以工代赈、信贷扶贫等方式，并认为扶贫计划实施的制度安排大有改进的必要，其目的是尽可能瞄准贫困人口，减少渗漏，使贫困人群直接受益。[⑤] 王卓君（2006）以循环经济理论为基础，分析了中国区域贫困的成因，并探讨了解决区域贫困问题的方法。黄黔（2009）研究认为中国农村存在地区性贫困，并尝试把 592 个国家扶贫开发工作重点县划分为岩溶山区、黄土高原、蒙新草原、高寒草甸、秦巴山区、横断山脉、中部山区和中部平原 8 个贫困片区。许鹿、胡朋延（2011）考察了贵州省的少数民族集中分布区，认为引导农民进行有序政治参与，是切实保障农民权益，实现贫困地区反贫困和经济可持续发展的重要保障。

（2）贫困农户微观分析。孔祥智、马九杰（1998）以中西部地区贫困

---

[①] 杨秋宝：《贫困地区农业的改造和发展》，载于《农业经济问题》1996 年第 7 期。
[②] 许军：《直接面向最贫困人口》，载于《中国农村经济》1998 年第 2 期。
[③] 安虎森：《贫困落后地区积累贫困的经济运行机制》，载于《南开学报》2001 年第 4 期。
[④] 段庆林：《中国西部农村贫困的社会特征及其反贫困对策》，载于《农业经济问题》1996 年第 11 期。
[⑤] 朱玲：《制度安排在扶贫计划实施中的作用》，载于《经济研究》1996 年第 4 期。

农户为研究对象，就农户投入与脱贫的关系进行了分析，指出资金是中西部地区贫困农户最稀缺的资源，资金投入的边际收益最大。[1] 魏众和古斯塔夫森（2000）在分析中国农村贫困率的变动时，对贫困家庭农民受教育程度、从事非农活动、家庭人口结构和劳动力数量、地区状况以及是否为少数民族、家庭成员政治面貌等进行统计检验，其结果表明，教育、人口结构、非农活动的影响显著，而其他因素则各不相同：地理位置有一定影响，而是否为少数民族以及政治面貌则几乎不影响。[2] 傅晨、狄瑞珍（2000）在假定贫困农户行为（如理性假定、机会主义假定以及风险规避假定）基础上，构造了一个贫困农户的行为模型，给出了贫困农户的期望收益和约束条件，并对贫困农户的"道德风险"作出了解释。[3] 陆红珍（2007）基于分工视角分析了农户贫困的主要原因：农户专业化经济程度和农户交易效率处于低水平进而使分工受到抑制，包括农户自身的分工深化受到阻碍和农户参与城市的分工受到抑制。要解决农户贫困问题必须促进分工演进和分工发展。李瑾、赵春江、秦向阳、袁学国、张正（2011）对宁夏回族自治区农村信息服务模式的适应性效果进行了综合评价，并分析了农村信息服务影响因素。他们对农村信息服务影响因素的确定主要采用多元线性回归模型，选取村GDP、农民文化素质、信息化投入、人均纯收入、网络入户率、信息化设备人均拥有量、信息化培训人次7个因素进行拟合分析。结论是优化信息化发展环境是解决农村信息服务"最后一公里"的关键，信息服务在贫穷落后地区发挥的作用和效果更大一些，而多元化的信息传播渠道将大大提升信息服务效果。政府应充分发挥其在农村信息服务体系建设中的主导作用，优化农村信息服务环境，加快实用、便携的信息终端普及推广，提高农民的信息意识和信息消费水平。[4] 左停（2011）等研究了贫困人口生计策略变迁理论及其对转型期中国反贫困的启示。由于农户生计资本结构不同，农民实际生计策略和结果也有很大差

---

[1] 孔祥智、马九杰：《中西部地区农民贫困的机理》，载于《中国农村经济》1998年第2期。
[2] 魏众、古斯塔夫森：《中国农村贫困几率的变动分析》，载于《中国农村观察》2000年第2期。
[3] 傅晨、狄瑞珍：《贫困农户行为研究》，载于《中国农村观察》2000年第2期。
[4] 李瑾、赵春江、秦向阳、袁学国、张正：《农村信息服务综合评价及影响因素研究——基于宁夏回族自治区村级视角的调研分析》，载于《中国农业科学》2011年第19期。

异，表现出扩张型、集约化、多样化以及迁移型等生计类型，政府可相应制定干预政策。①

（3）特殊贫困群体分析。杨立雄、吴伟（2009）评价了中国残疾人扶贫政策的演变，认为从20世纪80年代中期开始对贫困残疾人制定专门的政策规划，已初步建立比较规范的扶贫政策体系，但在实施过程中也存在一些问题，主要表现为重"积极性的"扶贫开发建设、轻"消极性的"安全网建设；重东部、轻西部；重工程建设、轻人力资本开发；重实物扶贫、轻精神扶贫；重新制度建设、轻现有制度整合。为此，需要建立三个层次的扶贫政策。② 陈银娥、高思（2011）提出应根据个人生命周期不同阶段的需要进行减贫干预。认为经过近30年的改革，中国社会福利制度进一步完善，在反贫困方面取得了较好的成效。但从上游干预、消除儿童贫困未得到充分重视，对农村就业年龄人群的人力资本投资基本空白，对贫困老龄人口的救助力度不够且形式单一。因此，应基于生命周期的视角建立社会福利制度反贫困的新模式，主要是从下游救助向上游救助转变，使得每一个社会成员在其生命周期的任何阶段，都有社会保障可依，从而从根本上预防与消除贫困。③

**4. 拓展的贫困研究**

（1）性别视角下的减贫。朱玲（2000）指出农村妇女在土地分配中因存在不平等导致农妇地权无法保障从而使她们陷入贫困。④ 刘晓昀等（2004）揭示了在贫困研究中纳入性别意识的意义、作用与统计问题。⑤ 董强、李小云等（2007）研究了农村教育的性别不平等及贫困问题，通过5省10村的案例剖析，认为自然资本和物质资本匮乏加剧了农村教育性别不平等，金融资本的短缺构成了教育分配的性别不平等。⑥ 赖力（2008）对

---

① 左停、王智杰：《穷人生计策略变迁理论及其对转型期中国反贫困启示》，载于《贵州社会科学》2011年第9期。
② 杨立雄、吴伟：《中国残疾人扶贫政策的演变与评价》，载于《湖南师范大学社会科学学报》2009年第1期。
③ 陈银娥、高思：《社会福利制度反贫困的新模式——基于生命周期理论的视角》，载于《福建论坛》（人文社会科学版）2011年第3期。
④ 朱玲：《农地分配中的性别平等问题》，载于《经济研究》2000年第9期。
⑤ 刘晓昀等：《性别视角下的贫困问题》，载于《农业经济问题》2004年第10期。
⑥ 董强等：《农村教育领域的性别不平等与贫困》，载于《社会科学》2007年第1期。

世界宣明会贵州省榕江县"儿童为本,小区扶贫"项目进行调研,对其中的扶贫与妇女发展、扶贫与社会性别平等进行分析,关注妇女的需求,强调妇女的参与。① 马东平(2011)论述了少数民族妇女多维度视角下的贫困,从国家和相关部门整体的扶贫规划和实践出发,评价了2000年以来中国政府对少数民族贫困区域的扶贫政策,从社会性别的视角,对民族地区反贫困政策和措施进行了评述和对策性研究。② 王英梅(2011)从农村女性贫困化尤为突出角度出发,分析了这个问题的特征和动因,认为实施男女平等基本国策、提升农村女性素质、增强就业能力、突出济贫事业的"人本"原则是解决问题的关键所在。③

(2)社会学视角下的减贫。沈红(2000)从社会学角度对中国贫困问题进行综述研究。④ 吴海燕(2005)认为应构建农村反贫困的社会心理支持系统。⑤ 成德宁(2005)从城市偏向视角探讨了农村贫困的必然性,提出统筹城乡、消除农村劳动力流动障碍,以及支持农村贫困人口积累社会资本的途径。⑥ 张兴杰、何煜(2006)以结构功能主义方法观察分析了中国农村反贫困系统,认为现有反贫困系统存在着目标设定不合理、获取资源的能力不足、整合水平不高和维模功能失调四个方面的不足,并提出反贫困系统进行自我调适的重点方向,即以促进农民群体素质的全面提高为目的、以提高农民的政治地位为突破口、以完善农村市场体系及培育农村自治力量为重要手段、以完善法治体系为保障。⑦ 罗遐(2007)从社会学的视角对贫困的类型学、发生学以及行动实践进行了较系统的梳理和述

---

① 赖力:《扶贫与社会性别平等——世界宣明会榕江县"儿童为本,小区扶贫"项目案例的启示和思考》,载于《贵州农业科学》2008年第1期。
② 马东平:《社会性别视角下的少数民族妇女贫困问题研究》,载于《甘肃理论学刊》2011年第5期。
③ 王英梅:《农村贫困女性的经济学分析》,载于《全国商情(理论研究)》2011年第13期。
④ 沈红:《中国贫困研究的社会学评述》,载于《社会学研究》2000年第2期。
⑤ 吴海燕:《当前中国农村反贫困社会心理支持系统构建研究》,载于《兰州学刊》2005年第1期。
⑥ 成德宁:《论城市偏向与农村贫困》,载于《武汉大学学报》(哲社版)2005年第2期。
⑦ 张兴杰、何煜:《结构功能主义视野下的中国农村反贫困系统》,载于《探索与争鸣》2006年第11期。

评。① 姚毅（2011）认为，随着经济社会发展的加快，贫困问题不再是一种单纯经济现象，而是经济、社会、政治、文化等各方面因素共同作用的结果，因而贫困研究的视角也经历了从经济增长到人力资本再到社会资本的转变。他从社会资本的视角对社会资本与贫困的相关性以及社会资本对于贫困的作用机制进行了归纳。② 叶初升、罗连发（2011）根据社会资本分层、数据嵌套的特征，采用分层线性模型，利用贵州省贫困地区农村家庭的调查数据，分析不同层级的社会资本影响，包括扶贫政策在内的中间变量，对家庭福利产生的不同效应及其交互作用。③ 研究表明，在物质资本和人力资本都比较贫瘠的农村贫困地区，社会资本在一定程度上发挥了"穷人资本"的功能，其减轻贫困、改善家庭福利的作用不仅显著，而且还存在进一步拓展的空间。

（3）机制创新与减贫。林毅夫（2005）提出完善开发式扶贫，在开发"自然资源"的同时，侧重开发"人力资源"。魏后凯、邬晓霞（2009）评估了中国国家反贫困政策绩效，提出应按照统筹城乡协调发展的理念，建立统一的城乡贫困标准、监测体系和国家反贫困政策，树立农村与城市反贫困并重的理念，统筹城乡社会保障和就业制度。④ 汪三贵（2011）指出中国扶贫投资效率低的深层原因是过分依赖政府体制和系统来传递和管理扶贫资源。从长远来看，中国扶贫的理想模式是政府提供扶贫资金，而资金的传递和管理应该主要由农民自己的组织和专业性的民间机构来负责。⑤ 向德平（2011）认为包容性增长理念为中国新阶段扶贫政策的设计和调整提供了价值基础，强调中国在制定扶贫政策时应注重协调发展、强调权利保障、追求公平正义、重视制度创新。⑥ 陈辞（2011）研究了社会

---

① 罗遐：《1980年代中期以来中国贫困问题研究综述》，载于《学术界》2007年第6期。
② 姚毅：《社会资本视角下贫困问题研究的文献综述》，载于《甘肃农业》2011年第10期。
③ 叶初升、罗连发：《社会资本、扶贫政策与贫困家庭福利——基于贵州贫困地区农村家户调查的分层线性回归分析》，载于《财经科学》2011年第7期。
④ 魏后凯、邬晓霞：《中国的反贫困政策：评价与展望》，载于《上海行政学院学报》2009年第2期。
⑤ 汪三贵：《扶贫体制改革的未来方向》，载于《人民论坛》2011年第24期。
⑥ 向德平：《包容性增长视角下中国扶贫政策的变迁与走向》，载于《华中师范大学学报》（人文社会科学版）2011年第4期。

资本视角下的反贫困瞄准机制。① 范永忠、范龙昌（2011）提出通过重塑农村组织、深化市场体制、构建农村反贫困长效治理机制、强调制度之间的联动效应，将农村贫困治理融入区域和整体社会、政治、经济、文化以及环境协调与可持续发展框架内，实现农村反贫困工作的良性发展。②

总体上看，自20世纪90年代以来，中国贫困研究领域逐步拓宽，从经济学延伸到社会学和政治学；研究主题日益丰富，涉及理论、战略、政策、机制和实证分析；研究方法逐步与国际接轨，取得了丰硕理论和政策成果，促进了中国农村减贫进程。但与国际学术界相比，中国的贫困研究还处于初级阶段，还有进一步加强的空间。一是对农村贫困家庭和贫困人口等微观基础的实证研究。二是从社区和农户参与角度研究自主性、参与式扶贫的方式、手段与路径。三是在研究方法上，改变静态分析方法和现状—问题—成因—对策的分析范式，加强贫困的动态性研究和定量分析。四是跟踪研究国际学术界关注的热点问题，如经济增长、收入分配与贫困；人口流动与贫困；脆弱性与贫困；贫困的长期性与波动性；贫困与环境。

## 第3节 研究内容和方法

### 一、研究内容

本书研究框架包括7章：

第1章为导论，主要回答中国减贫发展战略研究的三个基本问题，即为什么研究、研究什么、怎么研究，亦即本书的研究意义、研究内容和研究方法。

第2章阐述了贫困理论。从贫困基本理论和国家贫困的发展理论两个层面进行梳理，介绍了减贫理论和发展理论在当代的新成果——益贫式增

---

① 陈辞：《社会资本视角下的反贫困瞄准机制研究》，载于《理论月刊》2011年第9期。
② 范永忠、范龙昌：《中国农村贫困与反贫困制度研究》，载于《改革与战略》2011年第10期。

长和新结构主义。贫困基础理论和新成果的阐述，为本书的战略和政策选择奠定了理论基础。

第3章分析了不同发展阶段的减贫战略和政策工具。本章并未局限以某一国为样本进行纵向解剖，而是在更宽泛的国际视野中，或对比，或归纳，分别解析了低收入阶段、中等收入阶段和高收入阶段的国家减贫实践。从现有的贫困研究状况看，这样的分析是一种全新的视角，为本书的战略和政策选择提供了研究范式借鉴。

第4章回顾了中国不同阶段的农村减贫实践和政策。在阶段划分上，本书改变原有以时间为线索的五阶段说，而是依据世界银行的收入阶段划分标准提出三阶段说，即低收入阶段、中等偏下收入阶段和中等偏上收入阶段（将中等收入阶段进一步细分为两个小阶段。因中国尚未跨入高收入阶段故本章不作该阶段的分析），并评估了各阶段的减贫行动和政策。这部分内容，为本书的战略和政策选择提供了历史借鉴。

第5章分析了中等收入阶段中国减贫发展的新特征和面临的新挑战。这为后面提出减贫的发展战略和政策选择树立了"靶子"。

第6章提出中等收入阶段中国减贫的总体发展战略。针对中等收入阶段中国减贫发展的新特征和新挑战，按照战略—目标—路径的范式，提出中国减贫的三大发展战略，即可持续发展（战略）—物质资本建设（目标）—转变经济发展方式（路径）；创新发展（战略）—人力资本建设（目标）—开发人力资源（路径）；包容发展（战略）—社会资本建设（目标）—促进社会公正（路径）。同时，剖析了不同发展战略的减贫机理。

第7章提出中等收入阶段中国减贫的政策建议。从财政税收、金融扶贫、人力资源、社会政策和专项扶贫政策五个方面，通过比较系统地梳理提出符合中等收入阶段中国减贫实际的政策选择。

## 二、研究方法

本书使用了常规的研究方法，做到理论分析与政策分析相结合，规范分析与实证分析相结合，定性分析与定量分析相结合，现实分析与历史分析相结合。此外，根据研究的价值取向和逻辑，本书突出使用以下三种方法：

一是结构分析方法。把"资本"作为减贫分析的逻辑起点，从结构上把资本分解为物质资本、人力资本和社会资本三个层面。本书认为，人类社会致贫原因是广义的"资本"匮乏，相应地，减贫的过程就是三大资本建设的过程。本书第6章的减贫战略和第7章的减贫政策选择均是对照三大资本建设从三个层面有针对性地提出的。另外，本书研究了不同发展阶段的减贫行动，包括低收入阶段、中等收入阶段和高收入阶段的减贫政策，这同样属于结构分析的方法。

二是人本分析方法。人本主义意即以人为本，体现出发展的价值取向是为了实现人的全面发展。人本主义既是理论主张，也是分析方法。减贫首先是关注和解决贫困群体的福祉，而这一群体的福祉反映出的是人类整体的福祉、社会的公正和文明的进步。本书第6章提出三大战略选择，都是着眼于人的发展：可持续发展战略的落脚点是赋利于人，创新发展战略的落脚点是赋能于人，包容发展战略的落脚点是赋权于人。因此，人本分析方法，是本书的一个明显特征。

三是多维分析方法。即从多学科的角度进行分析研究，包括经济学、社会学、政治学等不同的学科视角。

## 第4节 创新和不足

### 一、可能创新点

在学习借鉴以往研究成果的基础上，本书的创新有以下几点：

一是在研究框架上，指出物质资本、人力资本和社会资本三位一体的广义资本匮乏是致贫和发展落后的主要原因，据此提出三大资本建设的战略选择和政策建议。

二是在研究角度上，采取总量分析方法，探索分析了不同收入发展阶段的贫困特征和减贫模式，包括低收入阶段、中等收入阶段及高收入阶段的减贫特征与模式。这样的分析角度是一种全新的尝试。

三是在战略选择上，构建了广义"资本"建设的框架，即可持续发展（战略）—物质资本建设（目标）—转变经济发展方式（路径）；创新发展（战略）—人力资本建设（目标）—开发人力资源（路径）；包容发展（战略）—社会资本建设（目标）—促进社会公正（路径）。同时剖析了不同发展战略的减贫机理。

四是在政策建议上，对应三大资本建设，相应提出财政税收、金融扶贫、人力资源、社会发展和专项扶贫政策建议。特别是在专项扶贫政策分析中，构建了"区域开发"、"家庭发展"和"个体成长"等多层次的减贫工作格局，从多维角度探讨了新阶段中国农村减贫的新路径。

## 二、不足之处

由于个人研究水平的局限，本书存在以下不足：

一是历史文献运用的非系统性。对历史文献的检索和运用，主要围绕减贫发展战略和政策展开，没有全面梳理减贫理论文献。

二是实证数据的运用较少。本书侧重理论分析，较少运用案例进行实证分析，且政策体系构建仅作为对策目标而设立，尚未加以实际运用。

三是国际社会减贫经验借鉴的缺乏。由于实地考察和最新文献资料的不可得性，本书未选择高收入国家、中等收入国家和低收入国家进行国别案例分析，因而分析缺少国际经验借鉴。

以上，将成为后续跟进研究的方向和空间。

# 第2章

# 减贫和发展理论基础

贫困理论是指以贫困为研究对象的理论的总和。根据研究内容和角度不同,贫困理论可以分为一般贫困理论和国家贫困发展理论两个层次。一般贫困理论研究的基本内容是如何准确地定义和测量贫困;国家贫困发展理论作为一种宏观理论,主要是分析发展中国家贫困落后、难以实现现代化的原因,研究其实现现代化的战略和途径。"二战"后,发展中国家贫困成为贫困研究的主旋律,联合国开发计划署、世界银行,以及英国和印度的学者为此作出了重要贡献,而大多数发展中国家研究其国内的贫困状况则明显不足。迄今为止,贫困理论还没有形成比较完善的理论体系,未来,贫困理论研究亟待加强。

## 第1节 贫困定义与类型

### 一、贫困的内涵

贫困的界定历经了从单维定义到多维定义的发展过程。单维定义注重满足人们的基本物质生活需要;多维定义则认为贫困不仅表现为低收入和低生活水平,还表现为文化和社会等不发达状态。作为一个带有社会性、历史性、地域性特征的概念,贫困有代表性的定义包括以下四个方面。

**1. 从基本需要的视角定义贫困**

英国学者朗特里（Rowntree，1901）给贫困下了一个迄今为止仍被视为经典的定义：如果一个家庭的总收入不足以支付仅仅维持家庭成员生存需要的最低量生活必需品开支，这个家庭就陷入了基本贫困之中。这一概念强调的是最低基本需要，并据此确定了贫困线。美国在20世纪60年代中期，也依据基本需要的概念，确定了以货币表示的贫困线。世界银行是使用货币定义贫困线最具代表性的组织。世界银行在《1981年世界发展报告》中指出：当某些人、家庭或群体没有足够的资源去获取他们在那个社会公认的，一般能享受到的饮食、生活条件、舒适和参加某些活动的机会，就处于贫困状态。《1990年世界发展报告》认为：贫困是指缺少达到最低生活水准的能力。衡量生活水准不仅考虑家庭的收入和人均支出，还应考虑那些属于社会福利的内容，如医疗卫生、预期寿命等。《2000/2001年世界发展报告》再次扩展了贫困的内涵：贫困是指福利的被剥夺状态，贫困不仅仅意味着低收入、低消费，缺少医药，没有住房，生病时得不到治疗，不识字而又得不到教育。此外，贫困还包括风险和面临风险时的脆弱性，没有发言权和缺乏影响力。世界银行直到今天仍用消费或收入来表示福利的被剥夺状态。世界银行的贫困线先后作了三次调整，依次为1.25美元/天、2美元/天、2.5美元/天。

**2. 从人类发展的视角定义贫困**

联合国开发计划署在《1990年人类发展报告》中提出了"人类发展"的概念，并定义了"人类发展指数"。在《1997年人类发展报告》中将一般意义的经济贫困拓展到"人类贫困"，认为贫困包括收入贫困、权利贫困、人力贫困和知识贫困。收入贫困是指最低收入和支出水平的贫困；权利贫困是指缺少本应享有的公民权、政治权、文化权和基本的人权；人力贫困是指缺乏基本的人类能力，包括识字水平、足够营养、预防疾病、健康长寿；知识贫困是指获取、交流、创造知识和信息的能力匮乏。

**3. 中国基本采用了世界银行对贫困的定义**

中国学者康晓光（1995）认为，贫困是人的一种生存状态，在这种生存状态中，人由于不能合法地获得基本的物质生活条件及参与基本社会活动的机会,以至于不能维持一种个人生理和社会文化可以接受的生活水准。中国国家统计局课题报告(1990)提出,贫困一般是指物质生活困难,即一个人或一个家庭的生活水平达不到一种社会可接受的最低标准。他们缺乏某些必要的生活资料和服务,生活处于困难境地。

**4. 本书对贫困的定义**

贫困是指一定个体、群体或区域所拥有的基本物质资本、人力资本及社会资本不能达到所在空间一般社会认同的基本需要最低标准的一种生活状态和社会现象。

这个定义包含三个基本要素:贫困对象、贫困内容和贫困标准。贫困对象是指特定的个体、群体或区域;贫困内容是指贫困对象所匮乏的资本,包括物质资本、人力资本和社会资本;贫困标准是指社会一般认同的最低基本需要。从个体和群体的角度,贫困被视为一种生活不达标的状态;从人类发展的角度,贫困被考察为一种不协调的社会现象。

## 二、贫困的测量

贫困的测量主要是研究贫困线和贫困程度。国际社会一般使用标准预算法、生活形态法和马丁法等确定贫困线;使用贫困发生率、贫困距指数、Sen 指数等衡量贫困程度。

**1. 贫困线的衡量**

(1)购物篮子法(Shopping Basket),又称基本需要法。国际社会普遍采用的确定贫困线的方法是,根据满足最低基本需要的"购物篮子"确定货币支出。即首先根据营养标准确定食物支出部分,然后再根据非食物基本需要(如衣服、住房、教育、卫生等)确定非食物支出部分。将两部分支出相加,最终计算出以货币表示的贫困线。世界银行使用此方法计算贫困线。

马丁法实质上也属于基本需要法,被公认为衡量发展中国家贫困的一种标准方法。世界银行贫困问题专家马丁·拉瓦雷(Martin Ravallion,1991)认为,贫困线由食物贫困线和非食物贫困线两部分组成。它首先根据人体最基本的营养需要及其价格测算出食品贫困线,进而采用计量模型计算出非食品支出（包括住房、医疗、衣着等），即非食物贫困线，将食物贫困线和非食物贫困线相加就可得出绝对线标准。马丁法的实际操作相对复杂，需要大量数据运算。

（2）收入等份法。该方法先将国民收入由高到低分成若干个等份，然后根据基尼系数来估算出贫困人口的占比。基于此比和家庭收入的调查资料来确定贫困线。

（3）主观贫困线的测定。由于确定客观贫困标准的困难，20世纪70年代以后，理论界开始根据"自我感觉生活需要不足"进行贫困测量。具体方法有两种：第一，主观最小收入定义法。通过社会调查，询问各家庭认为其收入"足够"和"不足"的数量，对这两种数量作几何平均，就可得到"正好"的主观最小收入水平。实际收入低于这个水平即被认为处于贫困状态。第二，主观最小消费定义法。通过询问人们的基本需求和满足这些需求的收入水平，然后与实际收入相比较，即可判断出是否处于贫困状态。主观贫困线的测定简便易行，但面临人们高估自己必需收入值的困境。

**2. 贫困程度的衡量**

本书以收入标准对贫困进行测量，所使用的测量模型包括以下六种。

（1）贫困发生率（$P_0$）。贫困发生率（$P_0$）简单地测量贫困人口占总人口的比例，其计算公式如下：

$$P_0 = \frac{1}{N}\sum_{i=1}^{N} I(Y_i < z) \qquad (2-1)$$

式（2-1）中，$P_0$ 表示用人头指数计算的贫困发生率，当收入 $Y_i$ 低于贫困线 $z$，就定义为贫困。

（2）贫困距指数（$P_1$）。贫困距指数（$P_1$）用于测算贫困人口收入低于贫困线的量（贫困距）占贫困线的比例，其计算公式如下：

$$P_1 = \frac{1}{N}\sum_{i=1}^{N} \frac{G_i}{z} \qquad (2-2)$$

式（2-2）中，$G_i = (z - y_i) \times I(y_i < z)$，$G_i$ 表示贫困缺口，$z$ 为贫困线，$y_i$ 为贫困人口的实际收入；$I$ 为0、1变量，若 $y_i < z$，则 $I$ 为1，否则 $I$ 为0，即缺口为0。

(3) 贫困距平方指数（$P_2$）。贫困距平方指数（$P_2$）给贫困人口赋予更高的权重，其计算公式如下：

$$P_2 = \frac{1}{N} \sum_{i=1}^{N} \left(\frac{G_i}{z}\right)^2 \qquad (2-3)$$

(4) Sen 指数。Sen 指数是由森于 1976 年提出的，旨在合并贫困人口数量、贫困人口的贫困深度和组内分布。其计算公式为：

$$P_s = P_0 \left(1 - (1-G^p)\frac{\mu^p}{z}\right) \qquad (2-4)$$

式（2-4）中，$P_0$ 为贫困人头指数，$\mu^p$ 是贫困人口的收入（或消费）均值，$G^p$ 是贫困人口的基尼系数。

The Sen-Shorrocks-Thon 指数（SST 指数）是对 Sen 指数的修正，定义为：

$$P_{SST} = p_0 p_1^p (1 + \hat{G}^p) \qquad (2-5)$$

SST 指数包括了贫困人头指数、贫困距指数和贫困距比率的基尼系数。

(5) Watts 指数。计算公式如下：

$$W = \frac{1}{N} \sum_{i=1}^{q} [\ln(z) - \ln(y_i)] = \frac{1}{N} \sum_{i=1}^{q} \ln\left(\frac{z}{y_i}\right) \qquad (2-6)$$

## 三、贫困的类型

**1. 绝对贫困与相对贫困**

罗伯特·K·默顿（Robert K. Merton）和罗伯特·A·尼斯比特（Robert A. Nisbet）于 19 世纪 60 年代提出了绝对贫困和相对贫困概念。绝对贫困（也称生存贫困）是指缺乏维持基本生存需要所必需的最低生活标准，包括基本的食品、住房和衣着消费等。相对贫困是指一个人或家庭的收入低于社会平均收入水平达到一定程度的状况。中国研究人员认为贫困是绝对贫困与相对贫困的有机统一。绝对贫困指获得的实际收入水平、拥有的消费资料和得到的服务达不到维持其基本生存需要的最低量；而相对贫困是指收入虽然能够达到或超过维持生存和基本发展的需要，但与一定时期内社会经济发展水平相比较仍处于较低的生活水准，反映出社会分配不平等的状况。

### 2. 收入贫困、能力贫困和权利贫困

收入贫困是指影响到人基本存活的物质匮乏状态；能力贫困是指劳动人口所具有的体力、智力、知识和技能在获取生活资料方面的能力不足或缺乏；权利贫困则是指贫困人口作为社会弱势群体，缺乏参与经济、社会、文化和政治生活的权利，存在不同程度地被社会排斥或歧视现象。这三者之间的关系是：收入贫困是贫困的外在表象，能力贫困是贫困的内在根源，权利贫困是贫困的社会效应。收入贫困是能力贫困和权利贫困的基础。因为收入低下才导致消费不足和缺乏储蓄，结果是用于与能力培育有关的卫生保健、基础教育以及技能培训的支出严重低于正常水平，从而造成个体能力出现缺失，形成健康不佳、教育不足、技能缺乏为特征的能力贫困。并且，因为收入贫困和能力贫困使贫困者形成弱势的社会地位，使其政治权利乃至基本人权缺乏有效保障。较之于收入贫困和能力贫困，权利贫困是个体贫困的最高表达。正是因为社会排斥、歧视等非经济因素的作用，贫困者不能够平等地参与就业及其他社会活动，缺少发展途径，从而出现长期收入低下与能力缺失，形成收入贫困与能力贫困且难以摆脱贫困陷阱。

### 3. 整体贫困、边缘化贫困和冲击型贫困

蔡昉（2003）把中国贫困分为整体贫困、边缘化贫困和冲击型贫困。所谓整体贫困是指中国改革开放以前，人民生活水平普遍较低，特别是农村地区，基本的温饱无法得到保证的状态。边缘化贫困是指贫困集中在由于自然、历史、经济和社会政策等方面的原因而处于发展弱势的"老、少、边、穷"地区。冲击型贫困是指由于外部经济或是由于本国经济体制转轨和经济结构调整，对既有的经济秩序产生冲击，影响经济增长的安全性和社会发展的稳定性，从而造成适应能力弱的人群陷入贫困。整体贫困和边缘化贫困在中国主要表现为农村贫困，而冲击型贫困实质是指贫困的脆弱性。

### 4. 持久性贫困、暂时性贫困和选择性贫困

李实（2004）把贫困分为持久性贫困、暂时性贫困和选择性贫困。持久性贫困是指在某一时期，如果人们的收入和消费都低于贫困线标准，那

么他们就是持久性贫困人口。暂时性贫困是指，由于人们具有预期的收入，当期的收入低于贫困线而消费高于贫困线的状况。选择性贫困是指，有的家庭虽然有高于贫困线的收入，但是由于过去和未来有着特殊的支出需要，不得不将现有消费水平压低到贫困线以下。

## 第 2 节　减贫理论的新成果：益贫式增长

### 一、益贫式增长内涵和理论基础

益贫式增长也称作亲贫式增长、利贫式增长，学术界对其定义有狭义和广义之分。

拉瓦雷（Ravallion，2004）从广义的角度定义益贫增长，能够减少贫困的经济增长就是益贫性的增长（不论减贫的程度大小）。可以通过增长期内贫困发生率的变化来衡量，在收入分配不变条件下，贫困发生率减少，则增长是利贫的。

卡瓦尼等（Kakwani et al.，2004）从狭义的角度定义益贫增长，并将益贫增长分为相对益贫增长和绝对益贫增长。相对益贫增长是指贫困人口在经济增长过程中受益的速度高于非贫困人口。当增长减少了贫困时，也改善了相对不平等状况，它包括了相对不平等的减少。绝对益贫增长是指贫困人口受益的绝对量等于或高于非贫困人口的绝对量。在这个定义下，经济增长过程中绝对不平等会减少。事实上，这是实现减贫的最高要求，因此被称为"超级减贫战略"。

王小林（2011）将益贫增长定义为贫困人口在经济增长中受益的速度高于社会平均水平。这一定义比拉瓦雷（2004）的广义益贫增长定义对贫困人口的增长要求高一些，又比卡瓦尼（2004）对益贫增长的要求低一些，是一个更加接近可能实现的益贫增长定义。

益贫式增长是从贫困、经济增长与收入分配三者关系研究中创新出来的理论，因此，认识贫困、经济增长与收入分配三者关系是理解益贫式增长的理论基础和关键。

**1. 贫困与经济增长的关系**

关于贫困与经济增长关系的研究，侧重点在于经济增长对贫困规模和程度的影响效应。涓滴理论一度占据主导地位，认为经济增长是减少贫困的充分必要条件，社会财富通过纵向的"滴漏效应"和横向的"扩散效应"自发地由富有群体向贫困群体流动，贫困发生率和贫困规模随经济增长自动降低。巴拉（Bhalla，2001）指出经济增长对于减少贫困的决定作用，强调只有通过创建一个有利于经济增长的环境才能够达到减贫目的。多拉尔和克雷（Dollar & Kraay，2002，2003）证明经济增长是减少贫困的一个最重要的决定因素，最穷的那部分人口的收入与总人口平均收入的增长之间存在对应关系，这说明经济增长会给包括穷人在内的所有人都带来好处。他们还发现政府的经济政策对穷人收入所占份额并没有起到什么作用，意在减少政府干预。

但现实观察表明，经济增长既可能自动产生减贫作用，也可能产生贫困程度加深和贫困规模增大现象。经济增长是减少贫困的必要条件，但经济增长的减贫效应不仅依赖于经济增长速度，更依赖于经济增长性质。这一性质的好坏主要体现在经济增长是否有利于贫困人口获益。在市场机制作用下，经济增长并不会自动惠及贫困人口，相反会产生"马太效应"，让富者更富、穷者更穷。因此，需要政府在收入分配等领域进行必要的干预，使得经济增长的性质有利于贫困人口，从而保证贫困人口能够从经济增长中获得更多的直接收益。

**2. 经济增长与收入分配的关系**

关于经济增长与收入分配关系的研究，侧重点在于分析收入分配的经济增长效应。多数研究证明，收入分配不平等和经济增长之间呈反向关系。阿莱西纳和罗德里克（Alesina & Rodrik，1994）、佩尔松和塔伯里尼（Persson & Tabellini，1994）、贝纳布（Benabou，1996）、伯索尔和龙多诺（Birdsall & Londono，1997）研究提出，不平等的变量和经济增长之间呈现极强的负相关关系。巴罗（Barro，1999）研究认为，收入差距过大在经济落后地区会阻碍经济的发展，而在经济发达的国家却会促进经济的发展；巴罗（2000）实证研究反映出相同的逻辑，在穷国收入不平等不利于经济增长，而在富国收入不平等却有利于经济增长。

有少数研究认为收入不平等可能对经济增长有利。李和邹（Li & Zou, 1998）的模型表明，收入均等化将使更多的收入被分配给中间投票人，于是，为了实现私人物品消费和公共品消费之间的边际效用等值，人们会投票支持更高的税率，而使更多的资源用于公共品消费，这对经济增长不利。相反，收入不平等扩大则使中间投票人的收入下降，于是人们会投票支持更低的税率，以消费更少的公共品，从而有利于经济增长。福布斯（Forbes, 2000）的研究也表明，收入不平等与经济增长呈现正相关的关系。

还有一些研究表明，收入不平等和经济增长的关系在不同经济发展阶段有不同表现。盖勒和莫维（Galor & Moav, 2002）认为，在经济早期发展阶段，物质资本回报率较高，收入不平等扩大可以加快物质资本积累，因而对经济增长有利；当经济进入更高发展阶段时，人力资本发挥重要作用，收入不平等扩大会使低收入者不增加人力资本投资，这对经济增长不利。

**3. 贫困、经济增长和收入分配的统一分析框架**

世界银行的布吉尼翁（Bourguignon, 2002）构建了贫困、经济增长和收入分配三者间的分析框架，即布吉尼翁三角，将贫困的变动分解为两个部分：增长效应和分配效应。根据图 2-1，在特定阶段的某个国家或地区，全部人口平均收入水平的增长和分配平等程度的变动决定了贫困规模的变动。同时该国或地区的经济发展战略决定了平均收入水平的增长与分配状况。此外，贫困和不平等的初始状态与经济增长之间有密切关系。初始不平等和增长之间的这种交互效应的事实已经在贫困降低速度的跨国对比中发现（Ravallion, 1997, 2001；Kraay, 2003）。马丁（2004）指出，促使经济增长更加益贫需要：更多增长、更亲贫困的增长模式、持续降低限制穷人在增长的经济中自由分享机会的先天不平等。

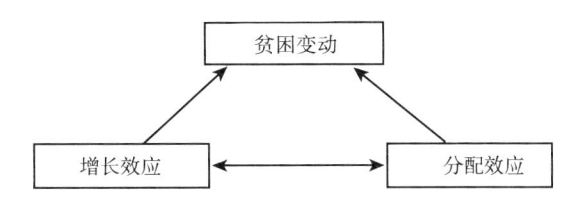

图 2-1 贫困、经济增长和收入分配的布吉尼翁三角

本书在把贫困变动分解成增长效应、分配效应的基础上，引进益贫式增长政策变量，得到如下改进的益贫增长分析模型，如图2-2所示。

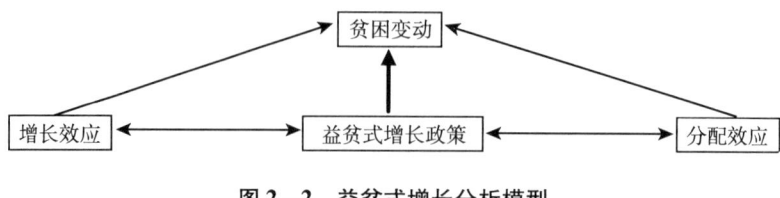

图 2-2 益贫式增长分析模型

## 二、益贫增长的测量

### 1. 国际社会的测量

（1）益贫式增长指数（Pro-Poor Growth Index，PPGI）。益贫式增长指数[①]是由卡瓦尼和佩尼亚（Kakwani & Pernia，2000）提出的。他们首先使用贫困分解方法指出贫困的减少同时依赖于经济增长和收入分配，即贫困发生率取决于平均收入水平和不平等程度，用公式表达为：

$$p = \eta_{PY} y + \eta_{PG} g \qquad (2-7)$$

这里，$P$、$Y$、$G$ 分别代表贫困发生率、人均收入与不平等程度；而 $p$、$y$、$g$ 分别代表它们的变化比例，即，$p = dP/P$，$y = dY/Y$，$g = dG/G$。$\eta_{PY}$ 表示当不平等为常量时，贫困发生率 $P$ 对人均收入 $Y$ 的弹性，即贫困增长弹性。$\eta_{PG}$ 表示当人均收入不变时，贫困发生率 $P$ 对不平等 $G$ 的弹性，即贫困分配弹性。由定义可以知道，$\eta_{PY} < 0$，$\eta_{PG} > 0$。

（2）益贫式增长率（Pro-Poor Growth Rate，PPGR）。拉瓦雷和陈（Ravallion & Chen，2003）提出了益贫式增长率。他们首先定义了一个增长发生曲线（Growth Incidence Curve，GIC），该曲线将所有人口按收入由少到多从0到1进行排列，并指示不同百分点人口的收入增长率。具体过程如下。

让 $F_t(y)$ 代表收入的累积分布函数，将人口按 $t$ 期收入由少到多从0

---

[①] 周华：《益贫式增长的定义、度量与策略研究——文献回顾》，载于《管理世界》2008年第4期。

到 1 进行排列，则第 $p$ 个分位点的收入为：

$$y_t(p) = F_t^{-1}(y) = L_t'(p)\mu_t \qquad (2-8)$$

这里 $L_t'(p)$ 是洛伦兹函数的一阶导数，$\mu_t$ 是平均收入，$p$ 从 0 到 1，$y_t(0.5)$ 是中值。

比较 $t-1$ 期和 $t$ 期，第 $p$ 个分位点的收入增长率是 $g_t(p) = [y_t(p)/y_{t-1}(p)] - 1$。让 $p$ 从 0 变到 1，则 $g_t(p)$ 描绘出增长发生曲线。将等式 (2-8) 代入该式，可得

$$y_t(p) = [L_t'(p)/L_{t-1}'(p)](\gamma_t + 1) - 1 \qquad (2-9)$$

这里 $\gamma_t = (\mu_t/\mu_{t-1})$ 是 $\mu_t$ 的增长率。显然，从等式（2-9）可知，如果洛伦兹曲线不变，则对于所有的 $p$，$g_t(p) = \gamma_t$。如果 $g_t(p)$ 对于所有的 $p$ 是递减（递增）函数，不平等下降（上升）。如果曲线在所有点上都是正的，则两期之间存在明显的贫困减少。在此基础上，拉瓦雷和陈（2003）计算了贫困人群收入增长率的平均数，并称之为 PPGR。为了计算 PPGR，必须选择特定的贫困度量标准。贫困的度量方法很多，拉瓦雷和陈（2003）选择的是 Watts 指数。其初始 Watts 指数如下：

$$W_t = \int_0^{H_t} \log[z/y_t(p)] dp \qquad (2-10)$$

式（2-10）中，从 0 到 $H_t$ 表示从最穷的人口到最富裕的人口，但所有人口的原始收入都在贫困线 $z$ 以下。Watts 指数随时间的变化率为：

$$\frac{dW_t}{dt} = \int_0^{H_t} \frac{d\log y_t(p)}{dt} dp = \int_0^{H_t} g_t(p) dp \qquad (2-11)$$

式（2-11）中，$y_t(H_t) = z$。则穷人的平均增长率，益贫式增长率为：

$$RC_t = \int_0^{H_t} g_t(p) dp / H_t \qquad (2-12)$$

（3）减贫等值增长率（Poverty Equivalent Growth Rate, PEGR）。

卡瓦尼和孙（2007）在卡瓦尼和佩尼亚（2000）的益贫式增长指数以及拉瓦雷和陈（2003）的益贫式增长率的基础上，发展了符合单调性公理的减贫等值增长率。它可用下式表示：

$$\gamma^* = (\delta/\eta)\gamma = \phi\gamma \qquad (2-13)$$

这里，$\eta$ 是卡瓦尼和佩尼亚（2000）研究中的贫困增长弹性，即在假定不平等为常量时，1%的收入增长率所引起的贫困变化的百分点；$\delta$ 是总贫困弹性，即1%的实际的收入增长所引起的贫困变化的百分点；$\gamma$ 是拉瓦雷和陈（2003）研究中的社会平均收入 $\mu$ 的增长率，$\phi$ 是卡瓦尼和佩尼亚（2000）提出的益贫式增长指数。

上述益贫式增长度量方法中，益贫式增长指数和减贫等值增长率采用全面方法；益贫式增长率同时采用局部和全面方法，该方法首先基于增长发生曲线（局部方法），然后计算增长发生曲线下的益贫式增长率（全面方法）。目前所有的益贫式增长度量方法中，只有减贫等值增长率符合单调性标准。目前所有方法都存在一个共同的缺陷，即只局限在贫困的收入（或支出）角度考察增长是否益贫，而忽视了贫困者面临的复杂情况，包括健康、教育、寿命、性别和种族等多方面的内容。因此，从多维角度研究益贫式增长是未来研究的方向。

**2. 中国国际扶贫中心的测量**

为了表述测量方法，首先需要明确几个定义：

（1）增长率曲线（Growth Incidence Curve，GIC）。拉瓦雷和陈（2001）将增长率曲线定义为：假定 $t$ 期有收入的人口比例小于 $y$，令 $F_t(y)$ 表示收入的累积分布函数。第 $p$ 个分位数（quantile）的收入累积分布函数的反函数为：

$$y_t(p) = F_t^{-1}(p) = L_t'(p)\mu_t \quad [y_t'(p) > 0] \quad (2-14)$$

式（2-14）中，$L_t(p)$ 是洛伦兹曲线 [斜率为 $L_t'(p)$]，且均值为 $\mu_t$；比较 $t-1$ 和 $t$ 期，第 $p$ 分位数的收入增长率为 $g_t(p) = [y_t(p)/y_{t-1}(p)] - 1$。令 $p$ 从 0 到 1，$g_t(p)$ 可描绘出"增长率曲线"：

$$g_t(p) = \frac{L_t'(p)}{L_{t-1}'(p)}(\gamma_t + 1) - 1 \quad (2-15)$$

式（2-15）中，$\gamma_t = \left(\dfrac{\mu_t}{\mu_{t-1}}\right) - 1$ 是在 $\mu_t$ 的增长率。由式（2-15）显然可知，若洛伦兹曲线不发生变化，则对于任意 $p$，有 $g_t(p) = \gamma_t$。当且仅当 $y_t(p)/\mu_t$ 随时间递增时，$g_t(p) > \gamma_t$。对于所有的 $p$，若 $g_t(p)$ 是减（增）函数，不平等则下降（增加）。

(2) 益贫增长率（Pro-Poor Growth Rate，PPGR）。在增长率曲线基础上，拉瓦雷和陈（2001）计算了益贫增长率。首先，通过洛伦兹曲线得到最穷人口的收入函数。如果把人口从穷到富排列，洛伦兹曲线 $L_t(p)$ 表示累积 $p\%$ 人口的收入分布份额，那么其中第 $p\%$ 人口的平均收入函数 $I_t(p)$ 就是：

$$I_t(p) = L'_t(p)\bar{y}_t \tag{2-16}$$

式（2-16）中，$L'_t(p)$ 为洛伦兹曲线的导数，即曲线的斜率，$\bar{y}_t$ 表示收入均值。根据收入函数，可以得到穷人的收入增长率函数 $g_t(p)$：

$$g_t(p) = \frac{I_t(p)}{I_{t-1}(p)} - 1 = \frac{L'_t(p)}{L'_{t-1}(p)} \cdot \frac{\bar{y}_t}{\bar{y}_{t-1}} - 1 \tag{2-17}$$

如果增长率函数 $g_t(p)$ 是减函数，表示收入分配不均情况有所减轻；反之，表示收入分配不均情况加重。

将增长率曲线中贫困人口的增长率加总平均就得到了益贫增长率。益贫增长率 PPGR 的计算公式如下：

$$PPGR = \frac{1}{H}\int_0^t g_t(p) \tag{2-18}$$

式（2-18）中 $g_t(p)$ 为穷人的收入增长率函数，$H$ 为贫困发生率。

(3) 增长率的收益和损失（losses and gains of growth rate）。佩尼亚（2003）认为，贫困人口从经济增长中获益按比例地高于非贫困人口，可称之为益贫。在这种情景下，增长将会降低不平等。而洛伦兹曲线的变化可以反映出随着经济增长不平等是减少了或增加了。因此，如果洛伦兹曲线上移，无疑将减少不平等。由于不平等的减少（增加），而使得贫困减少（增加），称之为增长率的收益（损失）。

如果我们将洛伦兹曲线定义为：

$$L(p) = \frac{1}{\mu}\int_0^p x(q)dp \tag{2-19}$$

假定式（2-19）个体的收入 $x$ 是一个具有随机分布函数 $F(x)$ 的随机变量；$x(p) = F^{-1}(p)$ 是当个体按照收入由低到高排列时，第 p% 人群的收入水平。式中，

$$\mu = \int_0^1 x(q)dq \tag{2-20}$$

μ代表社会的平均收入。洛伦兹曲线进一步可以表示为：

$$L(p) = \frac{\mu_p p}{\mu} \qquad (2-21)$$

式（2-21）中，$L(p)$ 是人群中最低 P% 人口的收入份额，$\mu_p$ 是最低 P% 人口的收入均值。对式（2-21）两边取自然对数，并移项得：

$$\ln(\mu_p) = \ln(\mu L(p)) - \ln(p) \qquad (2-22)$$

对式（2-22）进行一阶差分，得：

$$g(p) = \Delta\ln(\mu L(p)) \qquad (2-23)$$

式（2-23）中，$g(p)$ 表示贫困人群增长率。也可表示为：

$$g(p) = \Delta\ln(u_p) \qquad (2-24)$$

$g(p)$ 是当个体按照人均收入由低到高排列，最低 p% 人群收入均值的增长率，是从 0 到 1 的函数。孙（2006）称之为贫困增长曲线（the poverty growth curve）。按照 Atkinson 公理和式（2-23），如果对于所有的 $p$，有 $g(p)>0[g(p)<0]$，我们可以说在两期间贫困下降（或增加）了。这意味着，贫困增长曲线可以测量益贫增长。据此，益贫增长率指数可以定义为：

$$\gamma^* = \int_0^1 g(p)dp = \int_0^1 \Delta\ln[\mu L(p)]dp \qquad (2-25)$$

也可写作：

$$\gamma^* = \bar{G} - \Delta\ln(G^*)$$

即益贫增长率指数（$\gamma^*$）= 社会平均收入的增长率（$\bar{G}$）- 不平等的变化率 $[\Delta\ln(G^*)]$，其中，$G^*$ 由下式求出：

$$\ln(G^*) = \int_0^1 [\ln(p) - \ln(L(p))]dp \qquad (2-26)$$

如果由 $G^*$ 测量的不平等在一定时期内降低（增加）了，那么益贫增长率将比平均收入的实际增长率更高（更低）。因此，由于不平等的变化，增长率就会有收益或损失。如果我们知道任意两期的收入排序和平均收入，就可以计算益贫增长率及其收益（损失）。

（4）定义和模型。根据上述概念，本书将益贫增长、益贫增长率以及益贫增长率的收益（损失）定义如下：

第一，益贫增长是指贫困人口在经济增长中受益的速度高于社会平均水平。

第二，由收入五等分数据计算的收入增长率均值，为社会平均增长率均值。

第三，贫困人口收入增长率的均值，为益贫增长率。

第四，益贫增长率与社会平均增长率均值的差，为增长率的收益（正值）或损失（负值）。可用公式表示为：

$$G^* = PPGR - \bar{G}$$

其中，$G^*$ 表示增长率的收益或损失，当益贫增长率 PPGR 与社会平均增长率 $\bar{G}$ 的差为正值，表示增长有利于贫困人口；当益贫增长率 PPGR 与社会平均增长率 $\bar{G}$ 的差为负值，表示增长不利于贫困人口。

## 三、益贫增长的政策主张

益贫增长理论的政策主张包括以下四点：

（1）提高经济增长的质量，使增长的机会更具公平性，增长的结果更具益贫性。政策驱动是促进益贫增长的主要动力，国家专项扶贫资金和扶贫政策不仅发挥了减贫的作用，还促进了分配的公平性。应加强政策向贫困地区和贫困人口的倾斜力度，加大扶贫资金的支持力度，充分发挥政策和专项资金的减贫效果。

（2）完善并落实就业优惠政策，充分发挥工资性收入的益贫作用。工资性增长是拉动益贫增长的主要动力。可以完善就业政策，如税费减免、小额信贷等各项优惠政策措施，以及提供就业服务，如职业介绍、职业指导、职业培训等，培养剩余劳动力在就业市场的竞争能力，促进就业增收。

（3）完善农村社会保障制度提高保障水平，保持转移性收入的益贫性。进一步解决农村养老以及低收入群体在住房、医疗、就业和子女上学等方面的难题，保障最贫困人口的基本生活，同时平衡各项制度的公平性。进一步增加农业和农产品的价格补贴。

(4) 加强农村产业扶贫和信贷市场建设，进一步增强家庭经营性增长的益贫性。加大产业扶贫力度，完善信贷市场，保障家庭经营，促进农民增收。

## 第3节 关于国家贫困的发展理论

在经济学的分支学科中，发展经济学将摆脱贫困、走向富裕作为研究使命，专门研究经济落后国家从贫穷的不发达状况转变为富裕的发达状况的内在规律和条件、战略、路径。在一定意义上，发展经济学就是研究发展中国家国家层面贫困与减贫理论实践的学科。因此，梳理发展经济学关于国家贫困的理论脉络，有助于人们把握国家减贫战略和行动。

### 一、国家贫困的成因

**1. 人口陷阱论**

英国人口理论经济学家托马斯·罗伯特·马尔萨斯（Thomas Robert Malthus，1798）从人口学角度寻找贫困原因，他在《人口原理》中详细论述了人口增长与物质资料增长的关系。第一，由于人口过多，增长速度过快，造成对粮食等生活资料的需求过大，一旦这一过程趋于恶化，其结果只能是饥荒和死亡的增长。由于物质资料的增长落后于人口的增长，生活资料难以满足需要，导致贫困。在生产工具落后、土地资源有限的情况下，贫困家庭想通过增加人口从而增加劳动力来获得更多的生活资料，这又会进一步加剧人口与生活资料的矛盾。第二，当人均收入提高时，人口增长率也随之提高，导致人均收入又会退回到原来的水平。在最低人均收入水平和增长到与人口增长率相一致的人均水平之间，存在着一个"人口陷阱"。在这个陷阱中，任何超过最低水平的人均收入的增长都要被人口增长抵消。第三，只要生活资料增长，人口就一定会增长，除非受到某种抑止，且人口的增殖力要远远大于人类生产生活资料的能力，因为食物供应是按算术级数增长，人口则是按几何级数增长的，因此贫困不可避免。

对于"人口陷阱论",今人的认识是,人口过多会对土地资源、环境等形成压力,阻碍经济的发展,甚至导致贫困现象的产生,但它只是贫困产生的原因之一。

**2. 资本匮乏论**

资本匮乏论包括"贫困恶性循环"理论、"低水平均衡陷阱"理论和"临界最小努力"理论。

(1) "贫困恶性循环"理论。拉格纳·纳克斯(Ragnar Nurkse,1953)在《不发达国家的资本形成》中提出了"贫困恶性循环"(the vicious cycle of poverty)理论,主要从需求与供给两个方面探讨相互关联的储蓄、投资、产出与消费之间的关系。从资本需求方面来看,由于发展中国家人均收入水平较低,导致低购买力,从而不能吸引投资促进资本形成,资本形成不足又造成生产规模小,生产率难以提高,导致低产出和低收入水平,周而复始形成恶性循环。从资本供给方面来看,由于发展中国家人均收入水平较低,导致低储蓄水平,进而导致资本稀缺、资本形成不足,资本形成不足最终又引起低经济增长率和新的一轮低收入,周而复始形成恶性循环。这种低水平的需求与供给阻碍了为家庭成员提供良好的健康、教育等福利,并且这种贫困循环能够在代际之间传递,形成了发展中国家在封闭条件下长期难以突破的贫困陷阱。

(2) "低水平均衡陷阱"理论。与"贫困恶性循环"理论相联系的是纳尔逊(Nelson,1956)提出的"低水平均衡陷阱"(the Low-Level Euqilibrium Trap)理论:发展中国家的经济中存在一个人均收入的理论值,只要人均收入低于这一理论值,国民收入的增长会被更快的人口增长率所抵消,使人均收入退回到维持生存的水平上,并且固定不变,这就是低水平均衡;当人均收入大于这一理论值,国民收入超过人口的增长,从而人均收入相应增加,直到国民收入增长下降到人口增长时为止,在这一点上,人口增长和国民收入增长达到新的均衡,但这不是低水平均衡,而是高水平的均衡。如果其他条件不变,这种均衡也是稳定的。该理论中关于人口控制方面的理论为中国采取计划生育政策提高人民群众生活水平发挥了积极作用。

(3) "临界最小努力"理论。美国经济学家哈维·莱宾斯坦(Harvey Leeibenstein,1957)在《经济落后与增长》一书提出"临界最小努力"理论（the theory of cirtical minimum effect）。该理论要点：发展中国家要打破"恶性循环"跳出"陷阱"必须先使投资率足以使国民收入的增长超过人口的增长，从而人均收入水平得到明显的提高，即以"临界最小努力"使国民经济摆脱极度贫困的困境。原因是发展中国家经济增长中，存在着两种对立的力量，即提高收入的力量和压低收入的力量。提高收入的力量决定于上一期的收入水平和投资，压低收入的力量决定于上一期的投资规模和人口增长速度。当压低收入的力量大于提高收入的力量时，人均收入的增长会被人口的过快增长所抵消并退回到原来的"陷阱"中；只有当提高收入的力量大于压低收入的力量时，人均收入才会大幅度提高，从而打破低收入稳定均衡。临界最小努力理论注意到投资规模的积极作用和人口压力造成的威胁，但它过分夸大了资本形成对促进经济增长的重要性。有的经济学家还指出，突破恶性循环，谋求经济增长，并不一定需要一个"临界最小努力"，小量资本投入也可以达到目的。因为，人均收入提高时，资本存量的质量、劳动力素质以及工作技能都可能得到改进。

**3. 国际依附理论**

国际依附理论盛行于 20 世纪 70 年代。70 年代初，石油危机的爆发使发展中国家处于一种更加不利的国际经济和政治地位。在这种情况下，国际依附理论在发展中国家的知识界获得越来越多的支持。国际依附理论认为，发展中国家的不发达主要是受各种经济、政治和制度上的僵化及不灵活所困扰。这种僵化不仅来自国内，也来自国外。所以，在世界经济中发展中国家实际上处于一种依附地位，第三世界的不发达和不发达状态的继续存在实际上是贫富高度不平等的国际资本主义制度历史演进的结果。现存国际政治和经济发展不平衡，必须对现存国际政治、经济和制度结构进行改造。国际依附理论可以进一步分为两种代表性模型：一种称为新殖民主义依附模型；一种称为错误示范模型。

新殖民主义依附模型主要认为，发展中国家的不发达主要归因于现在资本主义国家和国际经济秩序的存在及其政策，以及发展中国家内部存在的买办集团。不发达主要是由外界因素引发的。在不合理的国际资本主义制度下，一些国家（发达国家）处于中心地位，另一些国家处于边缘地位，由于它们的不平等的权力，使处于边缘地位的发展中国家的发展努力变得十分艰难，甚至完全不可能成功。在这种国际经济秩序下，一些国家的不发达成为另一些国家的发展条件，一些国家可以自我发展，而另一些国家的发展只能作为前一类国家发展的被动反映。因此，在不合理的国际经济秩序下，发展中国家由于各种原因总是处于落后和被剥削状况。这种不平等的中心—外围关系[1]因为发展中国家国内既得利益集团的存在而得到加强。包括发展中国家的一些地主、企业资本家、军阀、商人和政府中的高官、工会的上层领导人等组成的既得利益集团，享受着很高的收入，把持着巨大的权力，不管是自觉还是不自觉，他们的基本利益是与不合理的国际资本主义秩序相适应的。因此，他们直接或间接地服务于国际特殊利益集团，像世界银行、国际货币基金组织等国际组织。这些既得利益集团的活动和他们所持的观点，实际上不允许任何能让更多的老百姓受益的真正的发展努力取得成效，在许多情况下，甚至让老百姓的生活更加困苦，使不发达永久化。

错误示范模型认为，发展中国家的不发达是一些国际多边机构和来自发达国家（地区）的援助机构的"专家"的错误指导造成的。这些所谓专家心存偏见，对发展中国家的真实情况又知之甚少，却指手画脚，提出一些非常炫目的概念、高深的理论结构和复杂的计量经济学模型，导致一些不适合发展中国家实际情况的错误政策。另外，发展中国家的一些知识界人士和政府官员等，在西方发达国家接受教育，他们接受的是与发展中国家实际情况不相干的理论和知识，不能抓住发展中国家发展问题的实质，也就不能提出发展中国家摆脱贫困的有效途径和政策，因而一些人们所希望的经济和制度上的改革不能得到实行。

## 二、国家贫困的缓解

### 1. 经济增长理论

经济学界认为，经济增长是缓解发展中国家贫困的首要途径，因此追

---

[1] 埃及经济学家萨米尔·阿明提出中心—外围理论。1976年他在《不平等的发展》一书中评析了非洲不发达的原因，认为处于世界体系外围的非洲国家，依附于处于中心地位的发达国家，中心对外围的控制和剥削，是外围国家不发达的重要原因。

求国民经济快速增长是发展中国家的首要任务。只要社会总量财富增加,不仅国家可以迅速摆脱贫穷落后的局面,国民也会因为"涓滴效应"和"扩散效应"摆脱贫困状态。罗斯托的经济成长理论和钱纳里的发展模式结构变动模型是最具代表性的经济增长理论。

罗斯托认为,根据各国发展的历史事实,每一个国家的经济发展都需要经历传统社会阶段、为起飞创造条件阶段、起飞阶段、向成熟推进阶段和高额群众消费阶段、追求生活质量阶段。在经济成长的各阶段,起飞阶段是最关键的阶段。经济起飞一般是由一个或多个主导部门的发展推动的。主导部门的发展又带动了辅助部门的发展。在罗斯托的经济成长阶段理论中,特别强调资本积累的重要性。他认为发达国家的经济都已经过了起飞阶段,而仍处于为起飞创造条件阶段的发展中国家必须动员国内和外国储蓄以产生足够的投资去加速经济增长,使经济起飞,然后顺序进入经济的自我持续增长阶段。这里,投资越多经济增长越快的经济机制可以用哈罗德—多马经济增长模型[①]来解释。

钱纳里的发展模式结构变动模型,既从横向的某一个时点上,也从纵向的时间序列上观察处于不同人均收入的发展中国家,最后得出了一个经济结构随经济发展的"正常"变动模式。这种变动包括从农业生产向工业生产的转变;消费者需求从重视食品和生活必需品的消费向要求多样化的制造业产品和劳务消费方向的变化;由于人口从农村向城市转移,推动城市的增长和城市工业的变化;以及随着家长逐步重视孩子的质而不是量,孩子的经济价值下降,家庭大小和总的人口增长的变化等。发展模式把资本积累看做是经济发展的必要条件而不是充分条件。所以,发展模式除了要求发展中国家必须增加储蓄以促进增长外,也要求发展中国家积累物质资本和人力资本以及相应经济结构发生变动。发展中国家的规模、自然资源禀赋、政府政策、接受外国投资和技术、国际贸易环境等情况都存在差异,因而它们经济发展的速度和模式不可能一样。钱纳里的发展模式结构变动模型只能提供一种参考。

---

① 哈罗德—多马经济增长模型的简单方程式为:$\frac{\Delta Y}{Y} = \frac{S}{K}$。它表明,一个国家或一个地区的国民生产总值增长率与其储蓄率成正比,与其资本—产出比率成反比。

虽然经济增长本身十分重要，是消除贫困的必要条件，但发展中国家的贫困问题不会随着经济增长自然而然地解决。发展的非均衡性和"重增长、轻分配"的分配制度，使得"有增长、无发展"成为人们关注的重点，各国开始反思和探索新的经济社会发展道路。

**2. 人力资本投资理论和内生增长理论**

西奥多·W·舒尔茨把人力资本缺乏视为发展中国家的贫困主因，并相应提出减贫的人力资本投资理论。1961年他在《论人力资本投资》一书中提出，传统的古典经济学单纯从自然资源、土地和资金出发，不能解释生产力提高及财富增长的全部原因。人的知识、能力、健康等人力资本的提高对经济增长的贡献尤为重要。人力资本投资的主要内容包括：教育与培训、医疗与保健、鼓励劳动力流动及引进高素质移民等，其中教育投资在人力资本形成中起关键作用。舒尔茨在《改造传统农业》中指出，解决农民问题的关键是增加人力资本投资，这种投资的收益率高于其他投资，一个受过教育的农民通过接受新知识、新技术，可以靠自己的能力在市场上竞争实现脱贫致富。人力资本理论的一系列观点为世界范围勃兴的"知识经济"所印证，对发展中国家反贫困实践产生深远影响，发展中国家反贫困战略逐渐扩展到卫生、教育等社会领域。

内生增长理论（又称新经济增长理论）建立了一个理论框架，试图从经济系统内部因素解释技术进步，并结合世界各国经济发展的现实提出了技术内生化的思路。第一，先把技术进步具体化为人力资本积累。由于人力资本积累的外部效应，即全社会平均的人力资本水平提高使生产要素的收益和规模收益递增，从而使经济保持长期增长。人力资本既可以通过脱离生产的学校教育累积，也可以通过不脱离生产岗位的边干边学累积。第二，把技术视为一种知识，通过知识积累的外部效应，即全社会总体知识水平的提高所带来的生产要素和规模收益递增来说明经济的长期增长；也可以通过对运用人力资本和已有的知识存量来生产新知识的研究开发部门的投资，不断引入新产品，使劳动分工不断加强所导致的规模收益递增及技术进步自身的溢出效应所带来的收益递增来保证长期经济增长。内生增长理论的理论意义在于，它认为一国经济长期增长的最终源泉可以归结为人力资本和知识的生产与积累。一个国家运用教育和研究开发进行直接激励的政策对经济增长最为有效，所以一国政策重点应当放在支持教育及研究开发上。内生增长理论的实践意义在于，它有助于解释国际资本流动是怎样加剧了发达国家与发展中国家财富的不均衡状况。但内生增长理论过分强调外部效应和收益递增的重要性，缺乏对技术进步过程中制度性因素演变的分析。

**3. 综合减贫理论**

缪尔达尔（Myrdal，1957，1968）的综合缓解贫困理论。他全面系统地研究了发展中国家贫困的原因和症结，针对破解低收入与贫穷的累积性循环提出了综合性缓解贫困政策建议：主张改革政治权力关系、土地关系以及教育制度、人口制度，实现收入平等，增加贫困人口消费吸引投资。同时增加储蓄以促进资本形成，使生产率和社会产出水平获得提高，最终提高发展中国家的人均收入。他还主张采用地区不平衡发展战略，使一些条件较好区域积累有利因素超前发展，再利用回流效应带动其他地区发展。该理论对发展中国家反贫困实践具有重要的指导意义。亚洲的印度、印度尼西亚和中国等国家吸收了该理论的内核，制定出满足人类基本需要的反贫困战略，为贫困人口特别是农村贫困人口提供基本的商品和服务，包括基本食物、水与卫生设施、健康服务、初级教育与住房等。

## 第 4 节 国家消除贫困的新发展理论：新结构主义

林毅夫（2010）在旧结构主义[①]和新自由主义的诸多洞见的基础上，以新古典经济学的方法来研究经济结构及其变迁，以及政府、市场在此过程中所起的作用，提出了一个使发展中国家获得可持续增长、消除贫困并缩小与发达国家收入差距的理论框架。这个框架可称为"经济发展过程中结构及其变迁的新古典框架"或"新结构经济学"。[②] 它强调经济结构内生

---

[①] 结构主义认为经济结构外生决定，强调市场失灵及政府在改变经济结构、促进经济发展中的作用。

[②] 林毅夫：《新结构经济学——重构发展经济学的框架》，载于《经济学》（季刊）第 10 卷第 1 期，2010 年 10 月。

决定于要素禀赋结构，在经济发展过程中必须发挥市场和政府的协同作用。政府的政策和各种制度安排必须考虑不同发展水平的结构性特征，这些结构性特征在很大程度上由各个发展中国家的要素禀赋结构及其市场力量内生决定。

## 一、新结构主义理论要点

林毅夫新结构主义理论的主要观点可综述如下：

（1）某个经济体的禀赋及其结构（定义为自然资源、劳动力、人力资本和物质资本的相对丰裕程度）在特定的发展水平是给定的，并随发展水平不同而不同，因而经济体的最优产业结构也会随发展水平不同而不同。不同的产业结构反映出不同的产业资本密集度、企业规模、生产规模、市场范围、交易复杂程度以及不同种类的风险。因此，每个特定的产业结构都要求与之相适应的基础设置（包括硬性和软性），以求降低运行和交易费用。

（2）经济发展水平不只是"穷与富"或"发展中与发达"两种离散情况，而是一条从低收入农业经济一直到高收入工业化经济的连续频谱。在这条频谱中，给定产业结构的内生性，处于任何一个发展水平的发展中经济体的产业和基础设置升级的目标，并不必然是比自己所处水平更高的发达经济体的产业和基础设置。

（3）在既定发展水平上，市场机制配置资源最有效率。作为一个连续变化过程，经济发展水平的变化要求产业多样化和产业升级。产业多样化和产业升级本质上属于创新过程，在这个过程中，一些先驱企业会为经济中的其他企业创造公共知识；而且个体企业在做投资决策时无法完全内化对基础设置的改进，而基础设置的改进却对其他企业产生大量的外部性。因此，在市场机制之外，政府必须发挥积极协调或改进基础设置以及补偿外部性的作用，以促进产业的多样化和升级。

## 二、新结构主义理论起点

经济体的禀赋是新结构主义经济学分析经济发展的理论起点。新结构主义认为，在分析长期动态发展过程时，需要一个外生的或是给定的、本质的且（长期）可变的要素变量作为考察的起点，而要素禀赋恰恰拥有这三个重要特性：在任何特定的时点要素禀赋是给定的；一个经济体的要素禀赋总量决定该经济体的预算总量，其要素禀赋结构决定其要素相对价格，而预算总量和相对价格是经济分析中最为重要的两个参数。同时，一个经济体的要素禀赋及其结构（在长期上）可随经济中的人口增长和资本积累而变化。

更为重要的是，新结构主义赋予要素禀赋新的内涵，将基础设置视为要素禀赋的组成部分。这里，基础设置既包括硬性（有形的）基础设置，如高速公路、港口、机场、电信系统、电力设施和其他公共设施等；也包括软性（无形的）基础设置，如价值观体系、规制、社会资本，以及其他社会和经济安排等。基础设置关系到企业的交易费用和投资边际回报，因而对于企业的生存能力影响直接。对于单个企业来说，绝大多数硬性基础设置和几乎所有的软性基础设置都是外生供给的，无法被企业自身决策所内化。

因为要素禀赋不同，不同发展水平的国家相应地有不同的经济结构。对于初级发展水平的国家，其要素禀赋结构一般具有劳动力或自然资源相对丰富、资本相对稀缺的特点，生产多集中于劳动力或资源密集型产业（主要集中于维持生存水平的农业、畜牧业、渔业和采矿业），采用传统的、成熟的技术。除工矿外，这些生产活动很少有规模经济。这些国家的企业规模一般而言相对较小，生产和交易所需的硬性及软性基础设置不仅有限，而且相对简单、初级。对于高收入国家，其要素禀赋具有资本丰裕的特点，在有规模经济的资本密集型产业中具备比较优势。由于已完成工业化，处于世界科技和产业前沿，这些高收入国家需要依靠"创造性破坏"或者新技术和新产品的发明来进行技术创新及产业升级。在现代社会，决定结构变迁的根本力量是要素禀赋从资本和劳动力比率较低水平向较高水平的提升，这种提升会同时改变经济体总预算及相对要素价格这两个影响企业生产决策的最重要变量。当资本积累或人口增长时，经济体的要素禀赋便发生了变化，这就使其最优产业结构偏离之前的要素禀赋所决定的情况；这种产业结构的偏离要求新的基础设置服务以减小交易费用，使经济重返生产可能性边界，从而通过产业结构和基础设置的提升维持经济的最优性。

### 三、新结构主义政策主张与减贫影响

**1. 关于财政政策主张**

新结构主义认为反周期的财政政策对于发展中国家有利，经济衰退期是基础设置投资的最佳时期，因为：第一，这些投资不仅增加短期需求，也提高长期经济增长率；第二，投资成本低于正常情况；第三，未来经济增长率的提升和税收的扩张将有效弥补当下的投资成本，从而避免出现李嘉图等价陷阱。如果发展中国家能够遵循本国比较优势对产业发展因势利导，将最可能获得强劲的经济增长、良好的贸易表现，并有更为坚实的财政状况和对外账户。

根据这一政策主张，发展中国家可以运用反周期的财政政策，在经济衰退期抓住机遇，加快贫困地区的发展，既刺激了经济增长，也改善了贫困地区的发展基础。

**2. 关于资源型国家的公共租金管理政策**

新结构主义主张从资源商品收入中拿出一部分用于人力资本、基础设置和社会资本的投资，以对产业多样化和产业升级提供支持。为使这种投资效应最大化，投资应更多集中于增长瓶颈，特别是基础设置和教育。在这种状况下，有效的财政政策不再是将资源租金以外汇储备的形式投资于外国资本市场或外国工程，而应当用于那些能够协助本国、本地区经济发展和结构变迁的工程，如刺激新制造业发展、产业多样化、提供就业及带来产业持续升级潜力的项目中去。

根据这一政策主张，发展中国家应重新审视和完善"走出去"战略，要把有限的资源优先用于促进本土发展上。同时可把外汇储备的一部分用于本国贫困地区购买技术、管理服务和资源性产品等方面，促进贫困地区产业发展及就业服务。

**3. 关于金融政策**

新结构主义认为，发展中国家可以利率政策作为反周期的调控工具，

在萧条时期鼓励进行基础设置和产业升级投资，以提升未来的经济增速。考虑到每个给定发展水平的最优金融结构取决于当时的主流产业结构、平均企业规模和典型风险种类，而这些因素又进一步内生决定于当时经济体的要素禀赋结构，新结构主义建议，收入较低的国家不应复制发达工业化国家的金融结构，而应将地区性的中小银行作为它们金融系统的基础，以使得农业、工业和服务业中的中小企业能够获得足够的金融服务。随着产业升级，这些国家的经济就会越来越转向资本密集型产业，大型银行和复杂的资本市场也将在这些国家的金融体系中占据越来越重要的地位。

根据这一政策主张，发展中国家应依据本国发展阶段和水平制定适合的金融政策，重视构建中小型金融服务体系，保证贫困地区中小企业获得必要的金融支持。在经济发展的非上升区间，发展中国家应注意运用利率政策工具，加强贫困地区基础设施建设和产业结构调整，从而夯实未来发展基础。

**4. 关于外商直接投资和贸易政策**

新结构主义认为，外商直接投资是对发展中国家最为有利的外国资本流动形式。相比银行贷款、债务融资以及投机资本，外商直接投资较少受到突发危机的影响，而且会给发展中国家带来技术、管理、市场渠道和社会网络。因此，外商直接投资应成为发展中国家发展战略的重要组成部分。新结构主义还解释了为何资本从稀缺的发展中国家流向充裕的发达国家：因为基础设置不完善，也未向新的比较优势产业升级，发展中国家所积累的资本面临边际回报递减的困境，如此资本通过流向发达国家可获取更高回报。新结构主义与新古典经济学一样，认为进出口内生取决于经济体要素禀赋结构所决定的比较优势，参与全球化使发展中国家能够利用后发优势，达到比处于世界技术前沿的国家更快的技术进步速度，这对于收敛发展中国家与发达国家间的差距至关重要。同时，新结构经济学也认识到，许多发展中国家在参与全球分工、开始攀登产业阶梯的时候，往往遗留着旧结构经济学的进口替代战略所造成的诸多扭曲政策，有必要采用渐进的贸易自由化政策。

根据这一政策主张，发展中国家应积极利用外商直接投资参与全球产业分工，并发挥比较优势进行产业升级，学习外国先进的技术和管理经验，借助外国的市场渠道销售商品。根据本国条件渐进实行自由化贸易，对于贫困地区的弱质产业，给予适当的临时保护，以降低自由贸易对贫困地区的不利影响。此外，可鼓励和吸引外商直接投资到有一定基础的贫困地区，促进贫困地区跨越发展。

**5. 关于人力资本开发政策**

新结构主义认为人力资本是一国要素禀赋的构成，人力资本可以帮助劳动者应对产业升级过程中的不确定性和风险。发展战略需要包含人力资本投资政策，以对产业升级起到因势利导的作用，并协助经济体充分利用所有资源。人力资本提升必须与物质资本积累和产业升级相适应。

根据这一政策主张，发展中国家需要把人力资本建设纳入国家发展战略，尤其应重视贫困地区人力资本建设。在制定贫困地区人力资源开发政策上，必须充分考虑当地经济发展水平和产业特点，并循序渐进地动态调整政策。要避免因为人力资本建设不足而成为贫困地区发展的瓶颈，也要避免因人力资本建设超前而造成贫困地区人力资源的闲置和浪费。

# 第3章

# 不同发展阶段减贫的一般分析

本章对不同收入发展阶段的减贫战略和政策组合作了一般性分析。根据总量分析方法,将一国发展阶段依次划分为低收入阶段、中等收入阶段(可进一步细分为中等偏下收入阶段与中等偏上收入阶段)和高收入阶段,分析了不同发展阶段的减贫行动。由此归纳了全球减贫的一般规律:低收入发展阶段国家,是国家贫困、集体贫困,物质匮乏,重点任务是解决物质贫困;中等收入发展阶段国家,告别了集体贫困,但还有一部分地区和一部分群体生活贫困,重点任务是解决物质贫困和能力贫困的问题;在高收入发展阶段国家,绝对物质贫困已经消除,相对贫困和社会排斥是主要特征,重点任务是解决能力贫困和权利贫困问题。从资本积累的视角分析,低收入阶段重视物质资本;中等收入阶段重视物质资本,开始关注人力资本;高等收入阶段重视物质资本和人力资本,开始关注社会资本。

## 第1节 经济发展阶段划分

对经济发展阶段划分及其特征的把握是一国实施经济发展战略、制定发展规划的重要前提。主要有三类划分方法:第一类是从总量出发;第二类是从结构出发;第三类是从综合角度出发。

# 第3章
## 不同发展阶段减贫的一般分析

此外,还有依据生产关系或生产要素的阶段划分标准,如马克思在《政治经济学批判》序言中提出人类社会依次经历亚细亚的、古代的、封建的,以及资本主义生产方式。德国历史学派布尔德以劳动交换方式为标准,将经济发展划分为自然经济、货币经济和信用经济三个阶段。

### 一、总量分析方法

该方法认为,经济发展过程最终是一个总量扩张的过程,经济发展阶段划分的简易方法是采用人均国民收入 GNI 等总量指标。20 世纪 70 年代中期,世界银行在其年度发展报告中开始将国家按照人均国民生产总值分类,后改为按照人均国民收入分类。根据这一分类方法,可将世界各国分为高收入国家、中等收入国家(进一步细分为中等偏下收入国家与中等偏上收入国家)和低收入国家。由于世界银行的持续采用,这一分类标准受到重视,成为判断一国或地区经济发展发达程度的重要依据。

### 二、结构分析方法

该方法从生产结构的变迁角度考虑,依据结构性指标来划分经济发展阶段。霍夫曼、刘易斯是这种方法的代表。

德国经济学家霍夫曼提出霍夫曼定理,根据工业化早期和中期的经验数据,推算出工业化进程中资本品工业在制造业中所占比重不断上升并超过消费品工业所占比重这一工业结构演变规律。通过设定霍夫曼系数[①]可以对各国工业化过程中消费品和资本品工业的相对变化做出统计分析。统计分析结论是,各国工业化无论开始于何时,一般具有相同的演变趋势,即随着一国工业化的发展,消费品部门与资本品部门的净产值之比是逐渐趋于下降的,即霍夫曼系数不断下降。根据霍夫曼系数,一国工业化进程可以分为四个发展阶段:第一阶段,消费品工业的发展快于资本品工业,消费品工业的净产值平均为资本品工业净产值的 5 倍以上;第二阶段,资

---

① 霍夫曼系数指消费品工业的净产值与资本品工业的净产值的比值。

本品工业的发展快于消费品工业，但是后者的规模仍然大于前者，产值是前者的2.5倍左右；第三阶段，资本品工业的产值与规模与消费品工业大致相当；第四阶段，资本品工业的产值和规模超过消费品工业并继续增长。根据霍夫曼的观点，工业化进程就是资本品工业在制造业中比重不断上升、消费品工业在制造业中比重不断下降的过程，前者最终将超越后者。

其他的结构主义观点还包括刘易斯的二元经济发展阶段论。刘易斯（1955）认为，经济发展可以分为两个阶段——传统农业占主体的阶段和现代工业为主导的阶段。阿尔温·托夫勒（1980）在《第三次浪潮》中对农业社会、工业社会和信息社会作出了划分。

## 三、综合分析方法

该方法主张经济发展阶段的划分标准应该综合考虑各方面情况形成一个指标体系，而不是依据单一的指标。美国经济史学家罗斯托、迈克尔·波特是这一方法的典型代表。

罗斯托在1960年《经济增长的阶段》一书中，以主导产业、制造结构和人类的追求目标为标准，以经济增长的关键是资本积累为前提，对一些已经完成工业化的国家的经济增长过程进行研究，系统论述了"经济发展线性阶段论"。

（1）传统社会，指人们依靠传统的生产方式而不是开拓新领域或研究新科学。传统社会的生产力水平不发达，产业结构比较单一，农业占主导地位，是居民和国家的主要收入来源。

（2）"起飞"准备阶段，是指为起飞创造前提条件的阶段。这一阶段，农业制度发生变化，农业生产技术有所提高；家庭手工业和商业逐渐兴起并出现了社会分工；城市开始出现；国内外贸易活动规模扩张。经济和整个社会的变化对以后的增长具有关键意义，为经济起飞创造了条件。

（3）起飞阶段。整个社会经济增长迅速，工业化进程加快，城市取得长足发展，国家的产业结构向高附加值产业转移，社会和政治结构的改变同时促进国家经济的进一步增长。罗斯托认为，在六个阶段中，"起飞阶段"相当于工业化的初期，是一个具有决定性意义的转变时期，是传统社会进入现代社会的分水岭，是社会发展的一个质的飞跃。

（4）成熟阶段，被定义为一个社会已经把（当时的）现代技术有效地应用于它的大部分资源的时期。成熟阶段的主要标志是：工业（主要是制造业）发展的多样化，新的主导部门逐步发展壮大并代替了第三阶段的老部门。

（5）高消费阶段。在这一阶段，人们的基本生活必需品消费需求得到满足，耐用消费品和服务业的需求空前增长，从而导致消费结构发生重大变化。为了适应人们消费需求的转变，工业部门也将其重心转移到耐用品和服务业方面。

（6）追求生活质量阶段。此时，人们开始偏好文化娱乐方面的享受，由此促进了提供劳务和提高生活质量的服务部门的发展。

迈克尔·波特（1990）以竞争优势来考察经济表现，并从竞争现象中分析经济的发展过程。波特认为一个国家的竞争力主要包括四个相互关联的部分：生产要素、需求条件、相关产业和支持产业的表现，以及企业的战略、结构及竞争对手。根据国家的竞争力，一国的经济可以划分为生产要素导向阶段、投资导向阶段、创新导向阶段和富裕导向阶段。在生产要素导向阶段，企业的成功依赖于基本的生产要素；在投资导向阶段，国家竞争优势来源于从政府到企业间的积极投资的意愿和能力；在创新导向阶段，此时的产业体系已经建立，所有关键要素不但发挥自己的职能，还会因为交互作用而得到增强；在富裕导向阶段，财富成为经济发展的驱动力量，经济可能会从进步走向衰退。

## 四、收入划分法

对于社会发展阶段的划分，本章采用总量分析方法，依据人均国民收入指标，将一国的经济社会发展分为低收入阶段、中等收入阶段和高收入阶段，将世界各国分为低收入国家、中等收入国家和高收入国家。

在后面的分析中，本章梳理了不同收入阶段贫困问题的主要矛盾、国家减贫发展战略选择和政策工具组合。这样的梳理，有助于更清晰地认识人类减贫实践的历史轨迹。

## 第 2 节 低收入阶段的减贫

根据世界银行绝对贫困线标准，贫困人口的分布具有以下特点，全球的贫困人口主要集中在低收入国家和部分经济增长缓慢的中等收入国家。其中，非洲以及南亚是世界贫困人口最多的地区。

### 一、主要特征：物质匮乏，整体贫困

无论是从性质、规模还是从程度看，国家在低收入阶段的贫困较之中等和高收入阶段都更为严重。贫困一直是处于低收入阶段的国家发展进程中长期存在的问题，是一切其他社会问题的根源，反贫困成为这些国家经济社会可持续发展的首要目标。经过近几十年的经济发展，处于低收入阶段的国家的整体减贫成就还是相当有限，生活在贫困线以下的人口比例仍然较高。不少地区的贫困人口绝对数量非但没有下降，反而呈现上升趋势，例如，撒哈拉沙漠以南地区和南亚的贫困人口在 1987 年分别是 1.8 亿和 4.8 亿，而到 1993 年则分别上涨到 2.2 亿和 5.1 亿。[1] 在低收入阶段，国家在国际市场上只能充当矿产、原材料及轻工业产品输出国的角色，位于国际分工链条的末端。经济社会发展往往呈现以下特征：经济发展滞后、经济总量水平低、基础设施薄弱、人口增长迅速，从而人均收入低、社会服务不完善。

**1. 经济增长速度非常缓慢，人均收入水平低**

通过对 1980～1999 年经济增长数据（如表 3-1 所示）的分析，我们可以发现：20 年间，处于高收入阶段的国家的国民生产总值从 80 690 亿美元增加到 243 230 亿美元，增长了 201.4%；处于中等收入阶段的国家的国民生产总值从 23 900 亿美元增加到 55 190 亿美元，增长了 130.9%；而处

---

[1] 尚玥佟：《发展中国家贫困化理论与反贫困战略》，中国社会科学院研究生院，博士学位论文，2001 年。

于低收入阶段的国家的国民生产总值从 6 980 亿美元增加到 13 330 亿美元，仅增长了 90.9%。[①] 从人均收入角度看，低收入阶段国家的年人均国民收入低于 975 美元，其中布隆迪、刚果以及利比里亚的年人均国民收入低于 200 美元，仅为高收入阶段的国家最低标准的 1/60，挪威的 1/400。

表 3-1　　　　　　　　世界经济发展主要指标　　　　　　单位：亿美元

| 年　份 | 1980 | 1990 | 1995 | 1997 | 1998 | 1999 |
|---|---|---|---|---|---|---|
| 世界总计 | 110 270 | 217 280 | 290 760 | 296 960 | 294 300 | 308 760 |
| 低收入国家 | 6 980 | 8 780 | 9 660 | 10 840 | 9 600 | 10 330 |
| 中等收入国家 | 23 900 | 35 210 | 48 010 | 55 680 | 52 230 | 55 190 |
| 高收入国家 | 80 690 | 173 200 | 233 030 | 230 540 | 232 450 | 243 230 |

资料来源：朱文鑫，《国际统计年鉴2001》，中国统计出版社2001年版，第3页。

经济增长速度缓慢的一个直接原因就是国家的储蓄率低，从而投资率比较低。研究表明，经济增长率是投资率最稳健的函数。在低收入阶段，人均收入水平很低，尚不足以维持基本的生活需要，居民没有闲置资金用于储蓄。这使得企业不可能从市场上获取发展所必需的外部资本，只能靠内源融资来解决生产的需要，导致国家经济发展在低水平循环。此时鼓励国家居民进行高储蓄是不可能的，只有通过创造适宜的投资环境以吸引国际投资和国际援助来发展本国经济。

国家处于低收入阶段时，居民普遍生活贫困。对照马斯洛需求层次理论，居民生理上的需求（即对食物、服装以及水等的需求）仍不能得到满足。如表 3-2 所示，低收入国家在 2000 年有 41% 的人口饮水问题未能得到解决，尚有 68% 的人口不能享受到卫生设施。即使在 2008 年，这两个比例也分别达到了 36% 和 65%。在粮食供应方面，根据美国农业部发表的《2008~2009 年粮食安全评估》报告，2008 年全球 70 个低收入发展中国家（低收入缺粮国系指人均年收入水平低于世界银行用于确定接受国际开发协会援助资格水平，即 2006 年为 1 735 美元的缺粮国）粮食不安全（粮食不安全是指每人每天营养摄入量少于 8 782.2 焦耳）的人数达到 8.19 亿人。[②] 上

---

① 刘冠生：《高、中、低收入国家经济差距的扩大问题》，载于《世界经济与政治论坛》2003 年第 3 期。
② 李丰、朱行：《世界低收入发展中国家粮食安全评估和启示》，载于《粮食与饲料工业》2010 年第 8 期。

述问题导致低收入国家的居民营养不良、人口死亡率居世界前列。

表3-2　　　享有卫生设施和清洁饮用水源人口占总人口比重　　　单位:%

| 国家和地区 | 享有卫生设施人口占总人口比重 ||| 享有清洁饮用水源人口占总人口比重 |||
|---|---|---|---|---|---|---|
|  | 1995年 | 2000年 | 2008年 | 1995年 | 2000年 | 2008年 |
| 世　界 | 55 | 57 | 61 | 80 | 83 | 87 |
| 高收入国家 | 100 | 99 | 99 | 99 | 99 | 100 |
| 中等收入国家 | 49 | 52 | 57 | 79 | 83 | 88 |
| 低收入国家 | 29 | 32 | 35 | 55 | 59 | 64 |

资料来源:朱文鑫,《国际统计年鉴2011》,中国统计出版社2001年版,第37页。

### 2. 经济结构单一,经济基础薄弱

农业是低收入国家最主要的经济部门。在低收入阶段,国家制造业产品出口比例很低,主要出口产品有服装、皮革制品、轻纺织品以及矿石原材料等。即低收入国家处于国际分工链条的末端,从事低附加值产品的生产。如表3-3所示,低收入国家2000年的第一产业平均占国内生产总值的34.5%,而同期高收入阶段国家该数值为1.9%。在低收入国家,粮食生产主要用于维持生存,但水利设施缺失、机械化水平低、农药和化肥严重不足导致这些国家抵御自然灾害的能力薄弱,粮食生产并不能解决基本温饱问题。

表3-3　　　不同发展阶段国家国内生产总值的产业构成　　　单位:%

| 国家和地区 | 第一产业 || 第二产业 || 第三产业 ||
|---|---|---|---|---|---|---|
|  | 2000年 | 2009年 | 2000年 | 2009年 | 2000年 | 2009年 |
| 世　界 | 3.6 | 2.9** | 29.2 | 27.5** | 67.1 | 69.4** |
| 低收入国家 | 34.5 | 26.9* | 21.0 | 26.2* | 44.5 | 46.9* |
| 最不发达国家 | 32.8 | 24.7* | 23.9 | 29.4* | 43.3 | 45.9* |
| 重债穷国 | 31.4 | 26.9* | 24.0 | 29.1* | 44.7 | 44.1* |
| 中等收入国家 | 11.3 | 10.0 | 35.6 | 36.4 | 53.1 | 53.8 |
| 中等偏下收入国家 | 17.1 | 13.2 | 39.5 | 39.4 | 43.4 | 47.4 |
| 中等偏上收入国家 | 6.5 | 6.4 | 32.2 | 33.0 | 61.3 | 61.0 |
| 高收入国家 | 1.9 | 1.5** | 27.9 | 25.6** | 70.0 | 72.7** |

注:* 表示2008年数据,** 表示2007年数据。

资料来源:朱文鑫,《国际统计年鉴2011》,中国统计出版社2011年版,第46页。

### 3. 人口增速过快，教育水平低下

表 3-4 为 2000~2009 年世界人口和不同收入段国家人口变动情况。其中，2009 年低收入国家年均人口增长率为 2.2%，中等收入国家为 1.1%，高收入国家为 0.6%，低收入国家的人口增速明显快于中等收入国家和高收入国家。在人口较快增长的同时，低收入国家的教育水平却不令人满意，大多数贫困人口为文盲或半文盲。据相关资料，南亚地区的低收入国家仍有近 2/3 的妇女是文盲，进入小学的儿童中有 35% 从未达到小学五年级的教育水平；在撒哈拉非洲国家，一半以上的妇女是文盲，约有 30% 的儿童从未达到五年级的教育水平。[1]

表 3-4　　　　　　　　世界人口增长情况　　　　　　　　单位：万人

| 国家和地区 | 2000 年 | 2005 年 | 2008 年 | 2009 年 | 2009 年人口增长率(%) |
|---|---|---|---|---|---|
| 世　界 | 608 495.9 | 646 732.1 | 669 779.9 | 677 523.6 | 1.2 |
| 低收入国家 | 69 472.1 | 77 592.2 | 82 807.7 | 84 614.2 | 2.2 |
| 中等收入国家 | 433 915.5 | 460 496.2 | 476 015.7 | 481 254.2 | 1.1 |
| 高收入国家 | 105 108.3 | 108 643.7 | 110 956.5 | 111 655.2 | 0.6 |

注：人口数为当年年中数据。

资料来源：朱文鑫，《国际统计年鉴 2011》，中国统计出版社 2011 年版，第 107 页。

## 二、战略选择：加快经济增长

在低收入阶段（或曰贫困阶段），物质匮乏不能满足居民的基本生存需要，是一国经济社会发展中最突出的矛盾。一国发展的首要任务是加快经济增长，从而创造出更多的物质财富，以满足居民最基本的生活需要。经济增长理论强调经济增长优先，虽然国家在自然资源配置、资本配置和劳动力配置方面应向工业部门倾斜，但不能以牺牲农业为代价，否则就会导致农村的贫穷与经济增长同在。

### 1. 重视农业生产特别是粮食生产

对低收入国家而言，农业具有无可替代的重要性。首先，粮食生产直

---

[1] 王圳：《摆脱贫困：最不发达国家任重道远》，载于《国际经济合作》2005 年第 2 期。

接关系到吃饭这一最基本的国民生存需要。其次，一国经济发展越是落后，工业化水平越低，农业对经济发展的贡献越大。农业在经济发展过程中的最重要贡献是，为工业化提供产品、劳动力、商品市场和资本积累。最后，在低收入发展阶段上，粮食短缺问题一度困扰发展中国家。许多发展中国家人口增长率超过粮食生产的增长率，工业化和城镇化进程也扩大了对粮食的需求，导致粮食需求增长率高于粮食供给增长率[①]。因此，处于低收入阶段的各发展中国家，应重视农业生产，特别是粮食生产。

低收入国家的农业发展处于从自给自足的传统农业向现代化商品农业转变的过程。对照韦茨（Weize，1971）关于农业发展三阶段[②]的论述，在低收入阶段，大多数发展中国家农业逐步由传统农业进入到"混合多种经营农业"阶段，农产品生产变得丰富起来，化肥、薄膜、农机应用广泛，粮食生产得到增长。特别是"绿色革命"运动[③]获得成功，粮食产量比过去大幅度增加。粮食生产的增长对穷人是有利的。第一，根据恩格尔定律，在低收入水平上，食物支出占预算支出的比重大，低收入国家居民的食物消费倾向比高收入国家高。而粮食供给的增加和粮食价格的下降，使得穷人粮食支出在家庭总支出中的比例下降。第二，在一定程度上缓和了物价上涨幅度[④]，提高了穷人抗御通货膨胀的能力。因此，处于低收入阶段的国家应加大对农业生产的投入，提高农业生产能力，促进农业发展。建立健全促进农业发展的有效制度，改善农田的耕种条件，提高农产品的质量和产量。加快水利基础设施建设，提高应对自然灾害的能力；加大化

---

[①] 历史观察表明，1960~1989年，发展中国家作为一个整体，粮食生产平均每年以2.91%的速度增长，而粮食需求每年以3.3%的速度增长。引自《发展经济学教程》，中国人民大学出版社2007年版，第329页。

[②] 韦茨1971年在《从小农到农场主：一个演进的发展战略》中，从农业生产方式和商业化程度的角度把农业生产分成三个阶段：第一阶段是传统的自足自给农业阶段，主要特征是生产力低下、产品单一、农业没有剩余，生产中使用的要素主要是土地和劳动，大多数农民处于半失业状态；第二阶段是混合的多种经营农业阶段，主要特征是多种经营、有了农业剩余、农产品商业化趋势出现、技术开始应用；第三阶段是现代农业阶段，主要特征是以市场为导向组织生产、专业化和商品化程度高、资本投资和技术革新占有重要位置。参见：Weize, R., *From Peasant to Farmer: a Revolutionary Strategy for Development*, New York: Columbia university press, 1971, P.3.

[③] 20世纪60年代中后期，在墨西哥、巴基斯坦、印度、印度尼西亚、泰国、哥伦比亚等国家开展农业种子改良运动，大面积推广和种植新型高产小麦和水稻品种。

[④] 20世纪50~60年代，发展中国家人口剧增和工业化加速，对粮食需求急剧增加，但农业生产不能满足需求，粮食供求缺口突出，粮食价格大幅上涨，通货膨胀严重。

肥农药的使用量，增强防范病虫害的能力，有效提高亩产量。

**2. 探索本国的工业化道路**

工业化是国家从低收入阶段进入中高收入阶段的必由之路，是一国实现现代化的基础和前提。低收入阶段的国家往往处于轻纺工业为主导和支撑产业的工业化初级阶段。在发挥自身人力成本低廉优势的同时，应实施国家主导的投资模式，加快本国工业化进程，加大重工业和石化工业投资建设，加速迈进工业化中高级阶段。

工业化进程的初期需要大规模物质资本支撑。物质资本是国家处于低收入阶段时实现经济增长与发展必要的物质基础和条件。在此阶段，国家的科技发展水平、教育培训水平以及医疗保健水平等都比较低下，为了解决劳动力的就业和促进经济的高增长，只有依靠物质资本的积累与形成。一国的工业体系建成之前对物质资本的依赖程度比较高，应重视物质资本的积累。

世界各国工业化发展的历史经验表明，工业化道路选择并不是唯一模式。全球化以及信息化的冲击，使得西方发达国家所走过的工业化道路并不一定适用于处于低收入阶段的发展中国家。各国应根据自己的经济社会制度、历史文化传统、自然资源条件以及比较优势等选择一条适合自己的发展道路。

非洲国家在20世纪60年代不顾贫穷落后的现实，采取"速度就是一切"的高速增长战略，热衷于搞大型的现代化企业，最终导致资源的大量浪费。很多企业因原料缺乏、设备引进不对路、产品无市场等原因导致工厂停产，使得国家的贫困现象更为严重，由此可见正确的工业化道路选择的重要性。

**3. 制订减贫国家计划**

在低收入阶段，国家在注重经济增长的同时，也要制定相应的减贫国家计划，切实解决贫困人口的基本生活问题，即减贫应纳入经济发展整体战略。

一国的减贫计划应该包含以下三个目标：首先要解决贫困人口的生存问题；其次要为贫困人群创造基本的生产、生活条件；最后要加强和培养贫困人口自我发展的能力。在低收入阶段，上述三个目标应是政府职责范围内的事务，此时应采取政府主导的减贫模式。政府应发挥公共财政的积极作用，同时综合运用其他手段，争取最好的减贫效果。

## 三、政策组合

一国经济社会发展需要政府的政策指导和支持。无论在什么发展阶段，政府都会使用各种政策工具解决发展中的问题。政府政策是庞杂的，涵盖各个发展领域。下面从经济史的角度，梳理低收入发展阶段的重大政策。

### 1. 土地政策

在低收入阶段，一些不发达国家改革了旧有的土地政策，让无地或少地农民得到土地生产资料。这种改革显然是一种社会进步，改变了不平等的土地分配和使用制度。

脱胎于封建制或殖民地半殖民地的大多数发展中国家，存在各种形式的土地制度，比较典型的有大庄园制、种植园制和租佃制，由于土地产出分配的不平等，这些土地制度抑制了农民的生产积极性。土地改革政策对于公平收入分配、增加就业和消除贫困具有积极意义。提高土地平均占有程度，本身就是财富公平分配的一种形式。把大土地分割成以家庭为单位的小农场，将增加单位土地面积的劳动投入。把土地分给无地或少地的贫困农民，贫困家庭将获得或增加生产资料，改变生活状况。

以印度为例，其从1948年开始实行土地改革，废除大地主土地所有制。[1] 到1959年，将全国38%的土地（620万亩）分给了300多万农户，在20世纪50～60年代，印度粮食生产的年增长率达到了2.5%。土地改革一般是把大土地所有者的土地分给无地或少地的农民，其结果可能是农场规模变小了。这在经济学界引起过规模变小是否牺牲效率的争论，一种观点认为，农业不存在规模经济问题，因而土地改革不会造成规模经济损失；另一种观点认为，农业存在规模经济，土地改革虽然提高了劳动者的生产积极性，但牺牲了规模经济效率。郭熙保结合中国土地政策实践分析

---

[1] 张秋、何立胜：《城乡统筹制度安排的国际经验与启示》，载于《经济问题探索》2010年第5期。

认为，分割式的土地改革会牺牲规模经济效率，但土地改革收到的总体经济利益远大于其造成的规模经济损失。①

**2. 价格政策**

低收入阶段价格政策的典型特征是工业、农业产品价格剪刀差。在 20 世纪 70 年代以前，多数发展中国家实行压低农产品对工业品比价的政策。其理由主要包括：农业生产对价格变化不灵敏；较高农产品价格的主要受益者是大地主和大农场主；高产品价格特别是高粮食价格对低收入者的危害最大；农业部门必须为工业部门扩张提供尽可能多的剩余。上述理由引起学者们的深入研究和争论。

本书认为，低收入阶段压低农产品对工业品比价的主要原因在于为国家的工业化进程提供和不断扩大资本积累，从而加快一国工业的起飞。这对于不发达国家构建工业体系，加快经济增长，具有重要意义。但牺牲农业和农民利益并不利于一国经济长期发展，工业和农业发展的畸重畸轻反过来会影响工业化健康发展。

**3. 投资政策**

低收入阶段国家经济不发达、人均收入水平不高，人们收入的绝大部分被用于生活消费支出，只有很少份额被用于储蓄，导致国家储蓄水平低下、资本积累不足。资本形成不足又使得生产规模难以扩大、生产率低下、经济增长缓慢，如此循环往复导致恶性循环。因此，低收入国家应打造一个适宜的投资环境，争取国际援助和国际投资，缓解国内资本不足。

低收入阶段的国家投资政策基本都表现出重工轻农的特点。发展中国家为了加速工业化，几乎把国民经济资本积累全部投入到工业部门，这在 20 世纪 50 和 60 年代十分明显。这样的国家投资战略伤害到农业发展，导致发展中国家粮食短缺和农村发展滞后。20 世纪 70 年代后，发展中国家开始重视对农业基础设施进行投资，包括水利设施、道路、电力、运输、邮电等，投资提高了农业生产率、促进了农民就业、推广应用了新技术，这项政策在一定程度上缓解了农业投资不足引发的矛盾。

**4. 社会政策**

社会保障是各国社会政策的主体，应加强社会保障体系建设。对残疾

---

① 郭熙保：《发展经济学》，高等教育出版社 2011 年版，第 258 页。

人、多子女家庭、儿童等提供必要的社会保护。加大对贫困人口的政府转移支付，减少贫富差距，消除两极分化。改善国家的卫生医疗条件，从而提高人口身体素质。在低收入阶段，人口感染艾滋病、疟疾的比例较高，居民不能饮用健康的水源，医疗卫生条件恶劣，上述情况都会影响居民的身体素质。政府应加大医疗建设开支，建立完善而广泛的卫生医疗体系以解决上述问题。加大教育支出，提高入学率以增强居民的科学文化素质。

在收入与分配领域，实行多劳多得的原则，克服平均主义思想。同时，经济转轨过程中，由于经济体制的不完善，会引致大量不公平现象的发生，政府需加强社会公正建设。

## 第3节 中等收入阶段的减贫

中等收入国家的经济水平跨度比较大，人均国民收入 GNI 在 1 000 美元至 11 000 美元之间。在这个跨度内，从世界各国经济社会发展规律来看，可以大致划分为两个阶段：中等偏下收入阶段和中等偏上收入阶段。本节将人均国民收入 GNI 5 000 美元作为划分中等偏下收入阶段和中等偏上收入阶段的分界线。

### 一、中等偏下收入阶段主要特征：集体与个体贫困并存

在中等偏下收入阶段，较低的生产率以及较多的贫困人口仍是发展中国家经济社会发展的主要矛盾。其典型特征包括：

**1. 二元经济结构特征明显**

中等偏下收入阶段的国家大多存在二元经济结构问题，即在农业发展还比较落后的情况下，超前进行了工业化，优先建立了现代工业部门。二元经济结构使得城市经济以现代化的大工业生产为主，农村则仍以小农经济为主；城市的基础设施发达，而农村的道路、通信、教育、卫生及金融等基础设施比较落后；城市的人均收入水平远高于农村。另外，中等收入国家的社会福利体系不完善，使得一部分人群的基本需求和权利也不能保

证,从而生活极其艰辛。也就是说,中等收入国家的绝对贫困问题仍然存在,相对贫困问题也开始凸显出来。

**2. 集体贫困与个体贫困并存**

在这一阶段,集体贫困与个体贫困并存现象十分明显。集体贫困是指区域性贫困状况,通常用区域经济增长速度、地区财政收入、人均GDP等经济指标和资源环境条件来衡量区域性贫困状况,如贫困地区、贫困县、贫困乡(镇)。而个体贫困则是指以人均收入、人均消费支出、人均营养状况指标、人均基本生活品占有量和卫生保健状况以及文化素质等来衡量的贫困家庭及成员。在经济转型期,尽管中等收入国家的城镇贫困问题逐步有所体现,但是贫困问题主要分布在农村。从地区分布上来看,中等收入国家贫困人口主要集中在经济发展水平低、自然条件恶劣的地区,而美国等许多高收入国家在空间上并没有特定的区域集中大量的贫困人口。以中国为例,贫困人口主要分布在中西部的深山区、高寒地区、荒漠区以及地方病高发区等自然条件差的农村。

## 二、中等偏上收入阶段主要特征:贫富差距凸显

在中等偏上收入阶段,工业生产效率明显提高,城市贫困变得更加突出,收入差距明显扩大。如果处理不好收入分配问题和经济机会公平问题,则很难跨越"中等收入陷阱"。其典型特征包括:

**1. 消费需求结构发生明显变化**

在中等偏上收入阶段,人们的衣食需求基本得到满足,对住行的需求不断增大,并逐渐成为主导消费需求。经济发展已经取得一定的成就,其制造业、农业、采矿、纺织的生产水平与效率较之低收入国家已有了大幅度提高。在住行等需求的刺激下,重工业、化学工业等方面取得极大的发展,逐渐成为主导和支柱产业,但是服务、金融、通信等服务行业的发展尚不理想。人力开发的指标像预期寿命、婴儿死亡率、教育年限等都有了持续改善。与高收入阶段的国家相比,发展差距仍然巨大,在国际贸易格局中处于国际分工链条的中游。

**2. 投资率不断提升**

国际发展经验表明,随着人们消费结构的变化和产业结构的提升,投

资率在不断提高、消费率在不断下降。虽然各国由于经济模式、产业结构的不同,投资率存在着重大的差别,但是上述趋势在各国的表现还是一致的。在中等偏上收入阶段时,鉴于经济已经进入重化工业阶段,投资率的上升以及消费率的降低对经济发展是有利的。

**3. 贫富差距问题凸显**

基尼系数是定量测定收入分配差异程度的指标,其一般标准为:若低于 0.2 表示收入绝对平均;0.2~0.3 表示比较平均;0.3~0.4 表示相对合理;0.4~0.5 表示收入差距较大;0.5 以上表示收入差距悬殊。国际上通常把 0.4 作为收入分配差距的"警戒线"。从世界银行的统计数据来看,部分中等收入国家的贫富差距问题十分严重;根据《国际统计年鉴2011》,2007 年巴西的基尼系数达到 0.55,贫富差距使得中等偏上收入国家的穷人在不断做大的蛋糕中只能分得较少的份额。

贫富差距包括产业差距、地区差距以及城乡差距。

(1) 从产业差距来看,在产业内部和产业之间的差异所引起的贫富差距在中等收入国家十分普遍,这是因为社会生产力发展水平的差异性、层次性与不平衡性。工资性收入是居民家庭收入的重要来源,行业的收入差距影响低收入人群的消费,使其陷入贫困,特别是一些垄断性行业的高收入、高福利与纺织业、手工业等行业的低收入形成鲜明对比。

(2) 从地区差距来看,根据优先发展战略的需要,中等偏上收入阶段的国家在外资准入、金融和税收等方面,对特定地区、特定行业实施各项优惠政策,从而造成地区、行业之间发展机会的不均等,也造成了收入分配上的差距。差别对待的政策使得一国范围内地区间经济发展不平衡。以中国为例,中国东部沿海地区的经济发展水平远远高于中西部。这种经济发展战略对一国经济的腾飞起到了重要的作用,但也在一定程度上扩大了贫富差距。

(3) 城乡差距则是由于普遍存在的城乡二元社会结构,这一现象的存在导致农村的贫困人口无论是规模还是比例都远高于城市。

**4. 部分群体发展能力不足,缺少机会和遭遇社会排斥**

自我发展能力是一个人运用其所掌握的资源以实现自身价值的能力。贫困人口与非贫困人口最大的差别就是教育状况与健康状况的差别,贫困人口最典型的特征往往表现为体弱多病、文盲半文盲，或者身强体壮但缺乏生存技能。在中等偏上收入阶段，国家往往面临着经济结构调整、经济转型升级，在此过程中，经济产业对工人综合素质的要求会提高，但是一些人群由于自身素质、技能不能满足新职业的需要导致失业（结构性失业），从而沦为贫困人口。一国产业升级带来的结构性失业不仅造成社会贫困，还导致社会整体的资源浪费。不仅在个人层面上，区域自我发展能力的不足也是值得关注的问题。[1] 区域经济是一个复杂的系统，其自我发展能力需要综合考虑各个方面的因素：地理位置、生态环境的承载能力、文化传统、政策制度等。国家经济政策倾向对一个地区的经济发展固然十分重要，但自身发展能力不足则是该地区经济落后的根本原因。

机会不公平是中等偏上收入国家经济社会不稳定的重要原因。世界银行《2006年世界发展报告》强调，国家内部和国与国之间财富及机会不平等的巨大鸿沟，造成了极度贫困的持续存在，这种现象不但浪费了人的潜力，而且在很多情况下会减缓持续经济增长的速度。不公平的体制会造成经济代价。不公平的体制倾向于保护政治上有权有势者和富人的利益，往往损害到大多数人的利益，从而降低了整个社会的效率，必然会破坏国家的经济增长和减贫潜力。在某种意义上，没有机会公平就必然没有结果公平。贫困的存在不只是国家落后所致，还在于社会、经济和政治关系中高度的不公平性和剥削性，在于穷人遭遇社会排斥，缺少发展机会。提高公平性将为社会贫困群体带来更多的机会。

### 三、中等偏下收入阶段战略选择：不平衡增长战略

在中等偏下收入阶段，发展战略选择应以市场机制建设为基础的不平衡增长战略为主导，以不断提高生产力，促进国家向中等偏上收入阶段迈进。其核心思想体现在以下几方面：

一是效率优先原则。在经济仍处于比较低级的阶段，不断提高农业、工业生产技术效率，充分发挥市场配置资源的作用，是需要优先坚持的发

---

[1] 朱霞梅：《反贫困的理论与实践研究》，复旦大学博士论文，2010年。

展原则。

二是制定吸引外资直接投资的政策体系。在中等偏下收入阶段,投资不足仍是制约经济社会发展的瓶颈。国内资本积累还不足以支撑整个国家迈向中等偏上收入阶段。因此,制定有利于吸引国外资本的政策体系,促进外国直接投资,是打破发展制约的关键。

三是加强农业的基础地位。处于中等偏下收入阶段,发展政策容易偏向重工轻农,但在这一阶段,以农业为原料的食品加工业,仍是需要优先发展的部门。加强农业的基础地位,有利于创造就业,为出口和增加国内资本积累奠定基础。同时,加强农业的基础地位,也是继续推动直接减贫的重要战略选择。

## 四、中等偏上收入阶段战略选择:边增长边分配

### 1. 益贫式增长战略

在中等偏上收入阶段,国家受贫困侵扰的现实使得人们认识到经济增长和一般的发展努力对缓解贫困问题的作用并未最大化,一些国家如印度、巴西和中国较高的国民生产总值及工农业增长以及社会发展成就创造了一个又一个奇迹,但是这些国家的贫困仍然在持续,甚至严重了。特别是20世纪80年代以来许多国家贫富差距恶化的事实,促使经济学家开始反思基于"华盛顿共识"[①]的"涓滴式增长"模式[②],他们认识到高增长只是贫困减少的必要条件,但绝不是充分条件;为了解决贫困问题,应该调整经济政策、社会政策以使穷人分享经济增长的成果;中等偏上收入国家必须放弃涓滴式增长模式,采取"益贫式增长战略"。益贫式经济增长策略主张通过宏观经济的稳定性、完善收入分配政策等增加穷人的福利。从社会政策角度,中等偏上收入国家需要完善社会保障和福利体系。

---

① 美国一些经济学家主张,在经济发展过程中不给贫困阶层、弱势群体、落后产业或贫困地区特别的优惠,而是由优先发展起来的群体或地区通过增加消费、创造就业等途径惠及贫困阶层或地区,带动其共同发展和富裕。该共识一度成为全球主流的发展理念。

② 强调经济增长的成果能够在体制内自动分配,富裕阶层由于掌握更多的资源理应享受经济增长的大部分成果,穷人则分享剩下的成果,且由于富裕阶层的消费和投资行为使得经济增长的成果传导至穷人,从而实现全社会人群受益的目的。

## 2. 人力资本建设

在中等偏上收入阶段，随着经济发展水平的提高，物质资本积累已经具备了一定的规模，虽仍需重视物质资本的形成，但是关注的重点开始转向人力资本建设。作为"活资本"的人力资本，具有创造性和创新性，对GDP的增长贡献率更高。在向高收入阶段迈进的过程中，人力资本的积累是必不可少的。发展中国家需要在教育、职业技术培训、健康保健等方面加强人力资本建设。

## 五、政策组合

### 1. 经济政策

经济政策主要是经济增长和收入分配。在中等偏下收入阶段，由于贫困面还比较大，收入差距不突出，减贫的主要经济政策一般是千方百计拉动经济增长。从增长的动力源来看，投资、消费和出口三驾马车并用。在这一阶段，国内投资资源还十分不足，应该制定有利于吸引FDI的政策，吸引国外直接投资进入国内，形成拉动经济增长的重要动力源；同时，创造贸易便利化政策和物流体系是另一重要的经济政策工具。

进入中等偏上收入阶段，绝对贫困面普遍缩小，相对贫困越来越突出。该阶段经济政策的侧重点应该充分发挥收入分配政策的工具作用，提高中低收入者的收入水平，扩大内需，使内需成为拉动经济增长和减贫的重要动力源。另外，此阶段参与国际贸易分工越来越深，需要关注贫困人口在贸易中的利益得失，避免或减少国际贸易对穷人群体的不利影响。

中等收入阶段，国家在宏观经济发展的同时实施区域开发政策，对经济发展落后、贫困人口集中的地区予以政策支持。对迁入落后地区的企业给予财政补助和税收优惠，鼓励劳动密集型企业、中小企业和高新企业在欠发达地区发展。

中等收入阶段，国家在瞄准重点区域的同时，也瞄准重点群体给予针对性扶持。农村贫困人口是中等收入国家反贫困的重点对象。农村的有针对性反贫困措施主要包括产业带动扶贫模式、小额信贷扶贫模式以及劳动力转移就业模式等。

**2. 社会福利政策**

建立完善的社会福利和社会救助制度。通过社会保障体系对低收入者和贫困人群提供资金以满足其基本的生活需求，减少国家的绝对贫困。在构建保障体系时需要重视两个方面的问题：一是注意使扶贫措施瞄准贫困群体，要做好贫困人群的需求调查，针对国家的实际情况设计服务内容，以避免扶贫措施远离穷人；二是福利制度的演变应体现社会公正原则，对有劳动能力者和无劳动能力者要区别对待，实施分类救助的措施。

**3. 收入分配政策**

加快收入分配制度改革，优化收入分配结构。调整收入分配格局的变革涉及各阶层、各社会群体的利益，必须多管齐下。在初次分配中，提高劳动者收入占国民总收入的比重。在将"蛋糕"做大的同时，注重把"蛋糕"以更公平、合理的方式分给人们共享。在二次分配中，政府通过财政和税收等多种手段，缩小收入差距，防止两极分化。健全税收制度，完善政府转移支付，增加社会保障资金投入。加强对高收入阶层的税收调节，加大对低收入群体的转移支付力度，积极培育和壮大社会中间阶层。

**4. 人力资本开发政策**

在这一阶段，人力资本对经济增长的贡献逐渐超越物质资本，人口科学素质水平的提高成为这一阶段经济发展的必要条件。中等收入国家有限的教育资金投入倾向于城市，从而使得一些落后农村地区的教育经费十分匮乏，造成了城乡教育机会的不平等。这种趋势不仅损害农村贫困地区儿童的基本权利，还会继续加大城乡的收入差距。儿童接受教育的程度对国家未来的贫困问题有着巨大影响，应增大教育投资，保证教育公平，教育好每一名儿童以消除贫困的代际循环。

## 第4节　高收入阶段的减贫

以欧美为代表的处于高收入阶段的国家也深受贫困问题的困扰。以欧共体为例，20世纪70年代欧共体国家的贫困人口为3 000万，90年代初增加到5 200万，超过总人口的15%。欧盟统计局的数据显示，2010年，欧盟面临贫困或遭社会排斥风险的人口数量为1.15亿人,在欧盟人口总数中所占比例高达23.4%,这意味着欧盟有近1/4的人口生活在贫困之中或遭到社会排斥。但是高收入阶段国家与中、低收入阶段国家面临的贫困问题有着本质的不同,正如美国一位学者所说的:美国的穷人可能不像不发达国家新闻照片上的那种形象:骨瘦如柴、憔悴不堪、令人怜悯。

## 一、主要特征:福利制度的内在缺陷

高收入国家在贫困线的确定、贫困人口的数量以及分布等方面和中等收入国家相比有较大的不同。

首先,从贫困的程度和范围来看,贫困程度相对较轻,涉及的人数比例较小。从贫困的类型来看,在高收入阶段国家,贫困主要是相对贫困,也即贫困居民已经足以维持基本生存水平,但是与其他成员之间存在收入和生活差距。

其次,从反贫困的重点来看,贫困问题以城镇贫困问题为主,且向大城市集中。移民贫困人口问题也同样严重。以美国为例,从地区分布来看,大部分穷人聚居在美国大都会地区,尤其是市中心到处可见贫民窟和少数民族聚居区。从种族来看,美国黑人的穷人比例较高。威廉·朱利叶斯·威尔逊在《真正的穷人——内城区、底层阶级和公共政策》一书中探讨了美国大都市地区的贫困现象:集中了大量贫困黑人和较贫穷的其他少数民族居民的底层居住区引发了种族问题、失业问题、犯罪问题、家庭问题等。

最后,伴随着集体贫困的日益弱化,特殊的个体贫困成为高收入国家关注的重点,贫困对象主要是妇女、儿童和老人。其中,儿童贫困主要发生在单亲家庭和贫困落后的移民家庭;老人贫困问题则是由于老年人退出劳动市场而导致收入的减少,即使有退休养老金的老人也有相当一部分因为入不敷出沦落为贫困阶层。

关于高收入阶段的贫困成因,经济学家有着不同的解释。一些观点认为是穷人自身原因造成的,是个人懒惰、不思进取的表现。更激进的观点认为穷人的智力低人一等,英国的哲学家赫伯特·斯宾塞认为穷人缺少一种内在的生存能力，应该在社会进化的过程中被淘汰，为那些有能力的人留下生存空间。还有一种下层阶层贫困理论。美国社会学教授威尔逊认为美国社会贫困集中的地区大都与社会的其他部分隔绝开来，日益脱离主流社会，即穷人在很大程度上受制于住房计划和贫民窟，从而与社会的多样性和机会的多样性绝缘。社会孤立使得穷人阶层与其他社会阶层缺乏紧密的联系，生活在其中的穷人因此不能融入主流社会。

本节认为，高收入国家贫困不能根除的原因，根本在于资本主义框架基础上的福利制度的内在缺陷，这种制度缺陷体现在福利体制、阶层制度、劳动力市场结构等方面。

（1）从福利体制的角度来看，福利制度在一定程度上减缓了高收入国家的贫困增长趋势，但是并没有从根本上扭转贫困增长的方向。高收入国家的福利政策一般分为预防贫困的普遍福利政策和直接针对穷人的救济措施。社会保障计划本身是为了应对大规模贫困的发生，然而实际享受这个计划的大部分人都不是穷人。因为穷人更多的是那些职业不稳定、少数民族或者一些处于社会底层的妇女儿童，这些人中有相当一部分没有参加社会保障计划。对穷人的帮助计划主要有失业保险金、工伤补偿、对低收入者的收入补充保障、对穷人的医疗帮助等。这些反贫困举措作为政府的经济制度、政治制度、健康保健制度等未能帮助穷人摆脱贫困，相反却保持了永久性贫困阶层。[①]

（2）从阶层制度方面来看，阶层制度的客观存在使得大多数体力劳动者的后代仍是体力劳动者，白领阶层的子女仍是白领，蓝领阶层的子女依然是蓝领，无论穷人怎样努力，他们摆脱贫困，迈入上层社会阶层的可能性极小。

（3）从劳动力市场角度来看，不同行业的收入水平与失业率是不一样的。高级部门需要高技术，相应的也会有良好的待遇、更多的晋升机会，而多数初级的底层部门所需技术水平较低，工资待遇等就不理想，工作的可替代性较强，失业情况也比较严重。从初级部门向高级部门的转移需要更高的学历等，而固有的社会障碍会阻碍转移发生。

---

① 刘丽伟：《论福利国家及其危机的实质》，载于《学术交流》2010年第12期。

## 二、战略选择：完善社会政策，寻求新的经济增长点

**1. 完善社会政策**

对高收入国家社会福利政策的研究表明，福利支出占国民收入的比重已经很高，并因此导致巨额财政赤字，成为政府的沉重负担。

高收入国家的福利政策大致可以分为社会福利型模式和社会保障型模式，两种模式在缓解社会贫困上发挥了重要的作用，但是并没有根除社会贫困问题。高收入国家的问题表现为福利制度已经不能满足较高级的、社会变化的需要，因此仍需要一些改进的措施。

**2. 寻求新的经济增长点**

在高收入阶段，国家制造业发展重点是高附加值的生产环节，主要通过研发、管理、品牌营销等措施提升产品价值和竞争力。其技术专业化倾向愈发明显，一些低附加值的产业被转移到国外。人们的衣食住行需求已经得到满足，服务需求成为主导需求，推动第三产业迅速发展。第三产业产值占国民生产总值的比重在60%以上，服务业发展成为经济的支柱产业，以金融、保险、信息服务、咨询为主的现代服务业增长最快。随着产业结构的优化升级，信息技术的应用十分普遍。

在高收入阶段，国家的经济发展水平已经很高，经济增长率开始放缓，如何寻求新的经济增长点是必须面对的课题。为应对当前的国际金融危机，高收入国家不断加大对科技创新的投入，加快对新兴技术和产业发展的布局，创造新的经济增长点。美国等高收入国家更加关注实体经济，希望通过战略性新兴产业的发展带动下一轮经济增长。[①]

## 三、政策组合

**1. 继续优化社会保障制度**

高收入国家的福利支出总量和占GDP的比例都很高，已经成为沉重的

---

① 国家税务总局税科所课题组：《促进战略性新兴产业发展的税收政策研究》，2011年。

负担。一方面，受到经济周期波动的影响，经济增长速度必然放缓，社会福利支出有走低的趋势，高收入国家需要考虑如何花更少的钱办更多的事。另一方面，福利支出中真正用于针对贫穷者和低收入者的福利支出项目占比都较低，工作福利的改革方向确实在一定程度上提高了人们找工作的积极性，但是一些真正的贫穷者却没能从改革政策中获益。高收入国家的社会保障制度需要在效率与公平之间找到一个平衡点。

**2. 完善针对特定人群的人力资本措施**

高收入国家中，部分少数族裔、移民等由于缺少技能，他们没有工作或者是工资水平较低，生活水平与中产阶层的生活水平差距过大。通过对他们实施就业培训政策，可以有效缓解其劳动技能的缺乏，提高劳动生产率，降低被解雇的风险，同时也有利于企业降低雇佣劳动力的成本和失误风险。通过再就业培训政策与社会福利措施相挂钩，以提高失业人群参加就业培训项目的积极性。

**3. 建设社会资本**

在高收入阶段，资本的概念由物质资本和人力资本进而扩展到社会资本。实践证明，社会资本建设可以促进物质资本和人力资本建设，对经济发展起着至关重要的作用。政府开始重视社会环境、社会结构、社会功能和社会网络建设，依托家庭关系、社会关系的构建改善弱势群体的生存环境和制度环境，从而增加弱势群体的社会资源、促进弱势群体融入社会和参与发展。

**4. 加大对新兴产业的扶持力度**

战略新兴产业成为高收入国家保持经济活力的重要选择。美国提出，将研发投入提高到 GDP 的 3% 这一历史最高水平，力图在新能源、基础科学、干细胞研究和航天等领域取得突破。法国建立 200 亿欧元的战略投资基金，主要用于对能源、航空、汽车等战略企业的投资和入股。韩国制定《新增长动力规划及发展战略》，将绿色技术、尖端产业融合、高附加值服务三大领域共 17 项产业确定为新增长动力。

# 第 4 章

# 中国农村不同阶段减贫回顾和政策评价

中国农村反贫困的历程,同时也是国家实施工业化和现代化战略的进程。中国农村反贫困过程总体呈现出与宏观经济增长、社会发展相一致的趋势,并表现出明显的阶段性特征。本章依据收入阶段划分法,将中国农村减贫划分为低收入阶段的减贫、中等偏下收入阶段的减贫和中等偏上收入阶段的减贫三大阶段,对三大阶段的减贫政策进行了综述和评价,得出关于中国减贫特殊规律的一般认识:在低收入阶段,中国农村减贫主要关注物质资本建设,解决贫困农牧民的生计脆弱问题,先后实施了经济增长战略、制度推动战略和贫困区域发展战略;在中等偏下收入阶段,继续重视物质资本建设,开始关注人力资本建设,解决发展能力不足的问题,实施瞄准贫困人口战略;在中等偏上收入阶段,在重视物质资本和人力资本建设的同时,开始关注社会资本建设,解决信息缺失和社会网络不足的问题,实施区域发展与减贫相结合战略。

## 第 1 节 中国发展阶段的新划分

### 一、世界银行收入分组

国民总收入(GNI)是一国或者一地区国民生产总值(GDP)

与来自国外的净要素收入之和。世界银行通常采用"图谱法"(即按照市场汇率三年移动平均值将本国货币换算成美元的方法)衡量国民总收入与人均国民总收入。世界银行按照人均国民总收入把世界各国经济发展水平分成四组,分别为低收入国家、中等偏下收入国家、中等偏上收入国家和高收入国家。其分组标准随着世界经济的发展变化而不断进行调整,标准并非是固定不变的。表4-1为世界银行公布的2010年收入分组标准。

表4-1　　　　世界银行2010年国别收入分组标准　　　　单位:美元

| 人均国民总收入分组 | 划分标准 |
| --- | --- |
| 低收入国家 | <1 005 |
| 中等偏下收入国家 | 1 006~3 975 |
| 中等偏上收入国家 | 3 976~12 275 |
| 高收入国家 | >12 276 |

资料来源:世界银行数据库。

## 二、中国在收入组中的变动

改革开放30多年以来,中国经济一直保持着高速稳定的增长。经济学者辜胜阻认为,中国实现了三大转型:一是从计划经济走向市场经济,是经济体制的一个很大转变;二是从农业国走向工业国,特别是工业化进程推动由农业大国走向工业大国,成为世界工厂,成为制造业大国;三是由一个封闭的社会走向开放的社会。通过改革开放,三大转型成功地推动中国由低收入国家进入中等收入国家。国际统计年鉴的数据显示:1990年,中国人均国民收入只有330美元,按照当时世界银行对收入组的划分标准,位于低收入组;2001年增加到1 000美元,按照当时世界银行对收入组的划分标准,中国步入中等偏下收入组。2001~2010年,中国经济继续保持高速增长。根据世界银行数据,2010年中国人均国民收入达到4 260美元,步入中等偏上收入组(如表4-2所示)。

# 第4章
中国农村不同阶段减贫回顾和政策评价

表 4-2　　　　　　　中国人均国民收入 GNI 变动

| 年份 | 人均 GNI（美元） | 所处收入组 |
|---|---|---|
| 1990 | 330 | 低收入国家 |
| 2000 | 930 | 低收入国家 |
| 2001 | 1 000 | 中等偏下收入国家 |
| 2009 | 3 590 | 中等偏下收入国家 |
| 2010 | 4 260 | 中等偏上收入国家 |

资料来源：1990~2009 年数据源于《国际统计年鉴 2011》；2010 年数据源于世界银行数据库。

## 第 2 节　各阶段减贫实践回顾

### 一、低收入阶段的农村减贫

在 2000 年前，中国一直处于低收入发展阶段。根据国家扶贫部门的研究资料，该阶段农村减贫可分成三个时期，即救济式扶贫时期（1949~1977 年）、体制变革减贫时期（1978~1985 年）和专项扶贫攻坚时期（1986~2000 年）。[①]

**1. 救济式减贫时期（1949~1977 年）**

1949 年新中国成立初期，生产力水平低，物质资源匮乏，多数群众生活贫困。为了快速扭转这一局面并赶超发达国家，中国政府建立起计划经济体制。在城市确定了重工业发展战略，在农村实行土地革命，从 20 世纪 50 年代起开展农村合作化运动和人民公社化运动，借助于土地等主要农业生产资料集体所有、农产品指令性低价收购和平均分配等制度安排，支持国家工业化建设。在建立农村财产公有制的同时，国家还在农村生产力发展上采取了有效措施，主要包括：

（1）在全国范围内开展大规模的基础设施建设，进行农田水利建设，改善农村灌溉设施和交通条件，有效地提高了农业生产率。

---

① 参见张磊：《中国扶贫开发历程（1949~2005 年）》，中国财政经济出版社 2007 年版。

（2）建立农村科技服务网络，在全国建立了40000多个农技推广站，形成基本覆盖全国所有农村乡（镇）的农业技术推广服务网络系统，一大批先进实用的农业技术得以应用和推广。

（3）建立全国性的农村合作信用体系，改善农村金融服务。到1978年，中国已经建立由60 000多个乡（镇）、县级农村合作信用营业机构和350 000个基层网点构成的农村合作金融服务网，累计为农民提供了1 373亿元的农业贷款。

（4）农村基础教育和农村基本医疗卫生事业快速发展，农村小学校和乡村卫生所的大力建设、免费教育和乡村合作医疗、赤脚医生等政策措施，为农村人口的发展提供了有力的保障。

（5）初步建立以社区"五保"制度和农村特困人口救济为主的农村社会基本保障体系，为农村人口中没有劳动能力和无法解决最低生存需要的特困人口提供基本的社会保障和最低水平的生活保障。这些努力促进了农业生产力的发展和农村人口福利水平的提高，实现了中国历史上第一次大规模的贫困缓解。农业总产值指数在1952~1958年期间表现出连续上升的态势。如果以1952年为100，1958年的农业总产值指数为127.8，比基期上涨27.8%；人均粮食占有量也由1952年的288公斤增加到1958年的306公斤，成人文盲率下降了50%，预期寿命提高了50%，保证了农民的基本生存需要。

由于计划经济体制的局限性、农村支撑城市的发展政策，以及大跃进和文化大革命等波折，尽管国民经济及各项社会事业取得了发展，现代工业体系初步形成，但广大居民特别是农村居民的生活水平普遍低下，农村贫困表现出普遍性和整体性特点。1978年，中国农村贫困人口有2.5亿，占到当时农村人口的30.7%。这一时期没有成立专门的扶贫机构，政府主要采取自然灾害救济和优抚、社会救济等方式，针对极端贫困人口给予救济帮助。

**2. 体制变革减贫时期（1978~1985年）**

1978年，中国经济体制改革率先在农村启动，进行了一系列促进农村生产力发展的体制改革，主要包括：

（1）以家庭联产承包责任制替代生产队体制，使得农民再次获得土地

# 第4章
## 中国农村不同阶段减贫回顾和政策评价

的经营权,解决了农业生产上激励不足的问题。同时在分配制度上也打破了以"平均主义"为核心的农村分配格局,"交足国家的,留足集体的,剩下的全是自己的"为基本特征的利益分配原则,促进了农业生产力的发展,农村社会总产值从1978年的2 037.5亿元增加到1985年的6 340亿元,年增长率达到15.25%;粮食总产量1985年为37 911万吨,比1978年增长24.39%;农村居民人均纯收入也由1978年的133.6元上升到1985年的397.6元;1978~1985年人均占有的粮食、棉花、油料、肉类产量分别增长14%、74%、176%和87.8%。[①]

(2) 以市场化为取向的农产品价格形成和流通体制改革。从1978年起,中国政府对18种主要农产品的收购价格进行调整,平均提价幅度为24.8%,同时减少粮食征购数量、放开有关农产品价格和城乡农产品集市贸易。

(3) 农村劳动力的非农化转移。乡镇企业的发展和人口流动限制的松动,促进了农村剩余劳动力向非农产业转移,不仅促进了农村经济的发展,同时也提高了农民的收入。

这些改革措施激发了农民的生产积极性,农业生产率不断提高,农业收入和非农收入显著增长,农村地区的贫困人口迅速减少,农村绝对贫困人口从1978年的2.5亿下降到1985年的1.25亿,平均每年减少1 786万人;相应的贫困发生率由30.7%减少到14.8%,年均递减速度为9.4%[②];城乡居民人均年纯收入之比由1978年的2.57倍缩小到1985年的1.86倍。另外,乡镇企业的兴起改变了农村地区的生产格局,农村剩余劳动力开始向非农岗位转移,这一转变也为解决农村劳动力过剩问题提供了出路。体制改革成为这一时期中国农村贫困缓解的主要推动力,农村扶贫措施也从上一阶段的救济式扶贫转为"涓滴式"扶贫。此外,在这一时期,中国开始探索有针对性的扶贫行动,包括设立"支援经济不发达地区发展资金"(1980年)、开展"三西"建设(1982年)、实施"以工代赈"政策(1984年)等,都在一定程度上缓解了农村贫困状况,为后来有计划、有组织、大规模的政府扶贫行动积累了经验。

---

[①②] 张磊:《中国扶贫开发政策演变(1949~2005年)》,中国财政经济出版社2007年版,第5页。

### 3. 专项扶贫攻坚时期（1986~2000年）

随着农村改革边际效益逐渐下降，农民生活状况改善和农村经济增长徘徊不前，中西部和东部的农民收入差距日益扩大。中国政府从1986年起成立了专门的扶贫机构，实施政府主导的，有组织、有计划的扶贫行动。

（1）确立开发式扶贫方针，即在国家必要支持下，利用贫困地区的自然资源进行开发性生产建设，逐步形成贫困地区和贫困户的自我积累与发展能力，主要依靠自身力量解决温饱、脱贫致富。

（2）确定重点扶持区域。确定以县为单位，形成了按区域实施反贫困计划的基础。全国确定331个县为国家级贫困县，各省、自治区再确定300多个省级贫困县。在确定贫困县过程中特别关注"老少边穷"地区。

（3）继续执行"支援不发达地区发展资金""以工代赈""三西扶贫"等资金投入政策，并开始实施信贷扶贫政策。

经过努力，农村绝对贫困人口由1986年的1.25亿下降到1992年年底的8 000万，贫困发生率减少到8.8%；国家级贫困县农村居民人均纯收入由1986年的206元提高到1993年的483.7元，[①] 翻了一番。为加快解决农村贫困人口温饱问题，1994年中国启动实施《国家八七扶贫攻坚计划》，调整了农村扶贫方式和策略：解决温饱与巩固温饱并举；确定了592个国家级贫困县，254个省级贫困县；在关注贫困人口收入的同时，强调人力资源的开发；强调部门合力；注重贫困人口的参与。到2000年年底，"八七扶贫攻坚计划"所确定的目标基本实现，温饱问题得到有效缓解，但农村贫困尚未彻底根除，贫困特征由区域分布和绝对贫困演变为点状分布和相对贫困。

## 二、中等偏下收入阶段的农村减贫

该阶段恰与巩固温饱和缓解相对贫困时期（2001~2010年）相吻合。进入21世纪后，中国农村贫困问题表现出新特征。第一，从社会成员的普遍贫困到贫富差距的日益扩大，这要求新世纪初的扶贫战略需要考虑控制

---

① 国务院新闻办：《中国的农村扶贫开发》，新星出版社2001年版，第3页。

# 第 4 章
## 中国农村不同阶段减贫回顾和政策评价

贫富差距，扩大政府的转移支付来直接帮助穷人。第二，从基本需求不能得到满足的收入性贫困为主到多元贫困为主，这意味着仅仅关注贫困人口温饱问题的低水平扶贫战略，已经不能满足贫困人口的发展需求，贫困人口的健康、教育、社会福利等方面的要求应该成为新世纪初扶贫战略关注的焦点。第三，从区域性贫困到阶层性贫困，中国的贫困分布从整体贫困到贫困乡村的演变，表明贫困问题不再是区域经济发展不足的问题，而是逐渐发展成为群体性贫困。贫困的主要人群如弱势群体、边缘群体等已经不能直接受益于区域经济发展战略，这要求扶贫战略应该直接瞄准贫困人口。根据上述新特点和全面建设小康社会的新要求，国家对扶贫战略进行了相应调整，实行普惠制的强农政策（包括农业生产性支持政策、环境恢复和保护政策、农村教育和人力资源开发政策、农村社会保障政策和基础设施建设政策等）与特惠制的专项扶贫政策相结合。其中专项扶贫政策体现在《中国农村扶贫开发纲要（2001~2010年）》中：

**1. 进一步瞄准贫困群体**

一是确定国家扶贫开发工作重点县592个，省级自行确定扶贫开发工作重点县406个。将以往所称的国家重点扶持贫困县改为国家扶贫开发工作重点县，目的是进一步突出和强化县级扶贫责任，要求这些县把扶贫开发摆在经济社会发展的突出位置。592个国家扶贫开发工作重点县全部集中在中西部的21个省（区、市），全部位于少数民族地区、革命老区、边境地区和特困地区，覆盖的绝对贫困人口占全国的61.9%。[①] 二是确定重点贫困村。在全国共确定了14.8万个重点村[②]，覆盖了全国76%的贫困人口。

**2. 确定低收入贫困标准**

对徘徊在贫困边缘的低收入群体给予特别的关注，在继续加大对绝对贫困人口扶持力度的同时，制定了农村低收入贫困标准，并相应确定了农村低收入贫困人群，对这些人的生产生活状况、地区分布、特征以及变化趋势等一并纳入了监测范围并给予扶持。中国农村低收入贫困标准是根据1997年的食物贫困线，假设在贫困状况下食物消费份额占总生活消费的

---

① 国务院扶贫开发领导小组办公室：《中国农村扶贫开发概要》，中国财政经济出版社2003年版，第21页。

② 2007年年底国务院扶贫办重新核定为150 219个重点村。

60%基础上计算出来的，2000年正式公布为865元。2000年全国共有低收入贫困人口6 213万，主要集中在中西部地区。从2001年开始，中国农村贫困标准有两个，一为绝对贫困标准，一为低收入贫困标准，到2008年两个标准合二为一，统一适用低收入贫困标准。

**3. 进一步突出工作重点**

着力抓好整村推进、劳动力转移培训和产业化扶贫三项工作。整村推进就是以贫困村为单元，群众参与①，制定规划、制定标准、分年实施、分期投入、分批解决问题。培训促进劳动力转移就是在全国建立贫困地区劳动力转移培训示范基地（简称"示范基地"），在大部分扶贫工作重点县建立县级培训基地，形成培训网络，促进农民转移就业。产业化扶贫就是以增加农民收入为主要目标，通过扶持和培育龙头企业，带动贫困地区农业结构调整，形成骨干产业，促进区域经济发展的一种扶贫模式。

在这一阶段，新世纪中国农村反贫困政策体系的框架开始构建，包括有惠农经济发展政策、惠农社会发展政策和专门扶贫开发政策。这十年来中国农村扶贫开发事业继续取得新进展，农村贫困人口数量从2000年年底的9 422万人减少到2010年年底的2 688万人；农村贫困发生率从2000年的10.2%下降到2010年的2.8%。②

## 三、中等偏上收入阶段的农村减贫

按照人均GDP衡量，中国自2010年就步入中等偏上收入阶段。这一阶段的农村减贫突破了单纯追求农民收入水平的提升，需要制定更加全面发展的减贫战略。2011年，中国颁布《中国农村扶贫开发纲要（2011～2020年）》（以下简称"新《纲要》"），继续实施农村扶贫行动。新《纲要》根据新形势和新任务，作出一个重要的阶段性判断，即中国农村扶贫开发从以解决温饱为主要任务的阶段，转入了巩固温饱成果、加快脱贫致

---

① 参与式扶贫是20世纪80年代以来形成的基于"参与式发展"理论的扶贫方法，认为发展对象不仅要参与发展，还要作为受益方参与监测和评价。
② 国务院新闻办：《中国农村扶贫开发的新进展》，人民出版社2011年版，第9页。

富、改善生态环境、提高发展能力、缩小发展差距的新阶段。与上一个纲要相比，新《纲要》的扶贫措施有以下突出特点：

（1）工作原则更加全面。包括政府主导，分级负责；突出重点，分类指导；部门协作，合力推进；自力更生，艰苦奋斗；社会帮扶，共同致富；统筹兼顾，科学发展；改革创新，扩大开放。

（2）工作目标更加明确。到2020年，稳定实现扶贫对象不愁吃、不愁穿，保障其义务教育、基本医疗和住房（简称为"两不愁，三保障"）。贫困地区农民年人均纯收入增长幅度高于全国平均水平，基本公共服务主要领域指标接近全国平均水平，扭转发展差距扩大趋势。新《纲要》既包括了生存的需要，又包括了部分发展的需要，符合新阶段扶贫工作的基本特征。

（3）工作方针更加科学。坚持开发式扶贫方针，同时实行扶贫开发和农村最低生活保障制度有效衔接。明确了扶贫促进发展、低保维持生存的工作定位。

（4）工作格局更加完善。第一次明确了专项扶贫、行业扶贫、社会扶贫三位一体的工作格局。

（5）工作对象更加清晰。分四个层次，即：扶贫对象、连片特困地区、重点县和贫困村。

（6）政策保障更加有力。提高了农村扶贫标准，加大投入力度，把连片特困地区作为主战场，中央财政专项扶贫资金的新增部分主要用于连片特困地区。要求完善有利于贫困地区、扶贫对象的扶贫战略和政策体系。同时，从财税支持、投资倾斜、金融服务、产业扶持、土地使用、生态建设、人才保障和重点群体八个方面提出了原则要求。此外，还提出加快扶贫立法。

总体上，新《纲要》着力推进集中连片特殊困难地区扶贫攻坚，着力巩固发展专项扶贫、行业扶贫、社会扶贫相结合的大扶贫格局，着力完善扶贫开发政策保障体系，更加注重转变贫困地区经济发展方式，更加注重增强扶贫对象自我发展能力，更加注重基本公共服务在贫困地区均等化，更加注重解决制约贫困地区发展的突出问题，体现了统筹区域发展与减贫相结合的战略，是新十年农村减贫行动的指南。

## 第3节 各阶段减贫政策综述

有利于贫困人口的减贫发展宏观政策[1]，涉及面广，包括经济政策、社会政策和针对贫困人口的减贫政策等。这些宏观政策是贫困地区和贫困人口发展的基本制度保障。

### 一、惠及农村贫困人口的经济政策

**1. 土地政策**

农村土地制度先后经历了农民私有、农民私有集体统一经营使用（初级生产合作社）、集体所有统一经营使用的土地制度（高级农业生产合作社和人民公社）、集体所有家庭承包经营四个阶段。在基本经济制度框架内，家庭承包制与农村经济发展阶段相适应，充分调动了农民的劳动积极性，极大地促进了农业生产的发展。1984年，国家明确提出土地承包期应在15年以上，1993年、1997年和1998年出台一系列文件明确土地承包期再延长30年不变的政策。土地成为农民最基本的生产资料和生活保障，土地政策保证了农民对土地的使用权。

**2. 农村收入分配政策**

与土地政策相适应，中国农村分配政策和农产品流通政策也经历了相应的调整：土地改革时期，农村实行的是按劳分配和按资分配的双重分配政策；到了生产合作化运动和农民公社时期，则按工分制和供给制搞平均主义分配政策；农村实行家庭承包制后，以家庭为单位进行自主经营，农民"交足国家的、留足集体的、剩下的都是自己的"，明确划分了国家、集体、个人的权利、责任和利益关系，将农民的收入同他们的劳动成果挂起钩来，很大程度上实现了真正的按劳分配，这极大地调动了农民的生产积极性。

---

[1] 参见张磊：《中国扶贫开发政策演变（1949~2005年）》，中国财政经济出版社2007年版。

### 3. 农村劳动力流动政策

农村经营体制的改革推动了农村劳动力流动。1983年前，中国严格控制农村劳动力流动，农村劳动力被限制在农业生产领域。到1984年，中国开始允许农民自筹资金、自理口粮，进入城镇务工经商，标志着限制城乡人口流动的就业管理制度开始松动。之后，政府又出台了一些政策和措施，允许和鼓励农村劳动力的地区交流、城乡交流和贫困地区的劳务输出，使农村劳动力的转移和流动进入了一个较快增长的时期。但是由于农民流动带来了城市交通运输、社会治安、劳动力市场等方面的不适应性，政府又开始对盲目流动进行控制。从1992年开始，中国农村劳动力流动政策从控制盲目流动到鼓励、引导和实行宏观调控下的有序流动，实施以就业证卡管理为中心的农村劳动力跨地区流动就业制度，并对小城镇的户籍管理制度进行了改革。进入新世纪后，国家出台一系列政策鼓励农村劳动力外出务工，包括提供公平的就业权、为农民工提供培训等。随着农村劳动力流动政策的逐渐放宽，创造公平的就业环境，外出务工收入已经成为农民收入增加的主要贡献因素。

### 4. 农业生产扶持政策

我国从1994年开始对农业进行补贴，进入新世纪以后，实行"取消农业税、反哺农业"的农业政策，对种粮农民直接补贴、良种补贴和大型农机具购置补贴的"三补"政策打通了工业反哺农业、财政反哺农民的道路，形成了新农业政策的重要支点。中央政府对农业"多予""少取"的方针政策，提高了农民的政策性收入。

### 5. 区域发展政策

在20世纪80年代以前，为了缩小地区差别，国家建设投资的重点主要在中西部地区。经过四个"五年计划"（"一五"至"四五"）的投资倾斜，中西部地区在全国经济总量中的份额有了较大的增长，东、中、西三个地区的经济发展水平和收入差距有了不同程度的缩小。[①] 但是，在十一届三中全会以后，中国确立了"三步走"的现代化发展战略和对外开放政策。与此相适应，国家实行了非均衡的区域发展战略：东部沿海地区要充

---

① 郐建立：《国家政策对农村贫困的影响》，载于《北京科技大学学报》2002年第2期。

分利用有利条件，较快地先发展起来，率先基本实现现代化，以更好地示范、辐射和帮助内地发展，带动全国的现代化。国家基建投资开始向沿海地区大幅度倾斜，同时给予在沿海地区投资的外商企业以税收减免等优惠政策，使得外资经济成为沿海地区迅速发展的强大动力。从减缓贫困的角度看，不平衡的区域发展政策对贫困地区的发展所产生的影响是双重的。直到90年代末期，中国提出了西部大开发的战略，旨在缩小东西部发展差距。

## 二、惠及农村贫困人口的社会政策

贫困人口的福利并不能自动地随着社会总体福利的增加而增加，这需要政府给予特殊扶助来确保他们的基本福利水平。对于广泛存在于农村地区的特殊人口和特定需求，主要是通过农村社会安全网的方式解决。农村社会安全网体系的形成经历了三个阶段。第一阶段（1949~1978年），以集体保障为主要特征，主要形式包括救灾救济、五保供养、优抚安置和合作医疗。第二阶段（1978~1989年），家庭承包制动摇了集体保障的基础，有些社会保障形式如合作医疗制度被中断。直到1986年9月《中共中央关于制定国民经济和社会发展第七个五年计划的建议》第一次明确提出了"社会保障"概念，把社会救助、社会保险、社会福利、优抚安置等制度统一归到社会保障制度中。总体上，这一阶段中国农村社会安全网建设是以农民分权为典型特征。第三阶段（1989年至今），农村社会安全网的构建开始朝着制度化方向发展。主要政策包括：社会救助政策、医疗救助政策和教育救助政策。

**1. 社会救助政策**

农村社会救助制度早在新中国成立初期就已经开始形成。经过50多年的努力，形成了包括救灾、五保、最低生活保障和特困救助等多项政策的行动框架。救灾是为帮助灾民脱离灾难险情，减轻灾害损失，克服灾后生活和生产困难而提供的社会援助。五保是指由农村社区（集体）负责保证无法定扶养人、无劳动能力、无可靠生活来源的老年人、残疾人和孤儿基本生活需求的社会援助，即对他们"保吃、保穿、保住、保医、保葬（孤儿保教)",简称"五保"。农村最低生活保障制度,是国家和社会为保障收入难以维持最基本生活的农村贫困人口而建立的社会救济制度。2010年年底,全国农村低保覆盖2 528.7万户、5 214万人,全国农村五保供养人口达到534万户、556.3万人,基本实现"应保尽保"。2012年,农村社会养老保险实现全国覆盖。

**2. 医疗救助政策**

包括合作医疗和贫困人口医疗救助制度。20世纪50~70年代,农村普遍建立了县、乡(公社)及村(生产大队)三级医疗预防保健网,实行了合作医疗保健制度,其特点是以农村生产大队(村)为单位,建立合作医疗站,培训若干名赤脚医生(乡村医生),为当地农民提供基本免费的医疗保健服务。随着人民公社的瓦解,家庭承包制的实施,农村合作医疗也基本消失。2002年10月,中央印发《关于进一步加强农村卫生工作的决定》,提出逐步建立新型农村合作医疗制度,并于2003年先行试点。相比原来的农村合作医疗制度,新型农村合作医疗制度有几点创新:政府加大支持力度;突出大病统筹和提高统筹层次;农民自愿参加;建立医疗救助制度。2010年,民政部门资助参加新型合作医疗达4 615.4万人次。

**3. 教育救助政策**

从2001年秋季开始,财政部、教育部联合对中西部农村地区义务教育阶段家庭经济困难学生试行免费提供教科书。从2004年秋开始,国家在部分贫困地区开始实施"两免一补"政策,即对贫困地区的学生免杂费、免书本费,补助寄宿生生活费。国家每年拿出1亿元作为家庭经济困难学生上学的补助。为保证助学金制度的顺利实施,国务院要求各级政府都要建立助学金专款。此外,中央财政2002年安排2亿元、2003年安排4亿元用于向未完成"普九"任务的国家扶贫开发工作重点县和中西部农村地区贫困中小学生免费提供教科书。2004年,中央财政把免费教科书发放范围扩大到中西部地区所有家庭经济困难的2 400多万名中小学生。到2007年,全国农村义务教育阶段贫困家庭学生都能到享受"两免一补"政策。农村义务教育"两免一补"政策的实施,使中西部地区贫困家庭作为该政策的目标群体减轻了家庭经济负担,同时也提高了中西部贫困地区义务教育的入学率。从2011年秋季学期起,国家启动实施农村义务教育学生营养改善计划：（1）首先在集中连片特殊困难地区开展试点，中央财政按照每生每天3元的标准为试点地区农村义务教育阶段学生提供营养膳食补助。试点范围包括680个县（市）、约2 600万在校生。初步测算，国家试点每年需资金160多亿元，由中央财政负担。（2）鼓励各地以贫困地区、民族和边疆地区、革命老区等为重点，因地制宜开展营养改善试点。中央财政给予奖补。（3）统筹农村中小学校舍改造，将学生食堂列为重点建设内容，切实改善学生就餐条件。（4）将家庭经济困难寄宿学生生活费补助标准每生每天提高1元，达到小学生每天4元、初中生每天5元。中央财政按一定比例奖补。

## 三、指向农村贫困人口的减贫政策

指向农村贫困人口的减贫政策主要包括专项扶贫、行业扶贫、社会扶贫和国际合作扶贫政策。这些专项减贫政策与前面提及的经济政策和社会政策有所区别。专项减贫政策是特惠制政策，专门指向贫困人口；而前面提及的经济政策和社会政策多为普惠制政策，可惠及到贫困人口。

**1. 专项扶贫**

专项扶贫是指地方各级政府和扶贫部门以贫困人口为工作对象，以财政专项扶贫资金为重要资源，通过编制专门规划，有组织地开展扶贫工作。新阶段的专项扶贫主要包括易地扶贫搬迁、整村推进、以工代赈、产业扶贫、就业促进、扶贫试点以及革命老区建设等内容。

**2. 行业扶贫**

行业扶贫是指政府各部门在制定规划、出台政策、安排资金项目、落实工作措施时，从行业角度向贫困地区和贫困人口倾斜，推动困难地区经济社会发展和贫困人口增收致富。行业扶贫的主要任务是改善贫困地区发展环境和条件，推进贫困地区公共服务均等化。行业扶贫带有普惠性和区域性的特点，而专项扶贫应该是属于特惠性政策，更加强调向贫困人口和贫困户的倾斜。这两种类型的扶贫工作在基层可以有效结合。

**3. 社会扶贫**

社会扶贫是指包括党政机关、群众团体、企事业单位、公民个体、民主党派、人民军队以及发达地区致力于帮扶贫困地区和贫困人口的行动。采取的主要形式有中央国家机关定点扶贫、东部发达省市与西部贫困地区结对开展扶贫协作、社会各界的爱心帮扶等。具体帮扶形式包括政府援助资金项目、企业合作开发、社会爱心帮扶、干部人才支持、人力资源开发等。

**4. 国际合作扶贫**

国际合作扶贫是指学习借鉴国际组织和他国的减贫经验，使用国际社会或他国无偿捐赠资金、优惠贷款促进本国减贫实践的行动。中国减贫领域的国际交流合作始于20世纪90年代，先后与世界银行、亚洲开发银行、联合国开发计划署等国际机构和英国、德国、日本等国家及国外民间组织开展了合作，项目包括交流、研究、合作、培训等诸多形式。外资扶贫把国际减贫理念和方法，例如参与式扶贫、小额信贷、项目评估及管理、贫困监测评价等，逐步应用于中国扶贫实践中，在创新减贫机制、提高减贫绩效[1]等方面产生了积极影响。在新阶段，减贫领域国际交流合作将紧密结合新《纲要》提出的主要目标和任务，坚持"引进来"和"走出去"原则，加强理论研究、项目合作及南南合作，共同促进国际减贫事业的发展。

## 第4节 减贫政策评价

### 一、重视政策结合

中国农村减贫行动创造了独具特色的基本经验，包括政府主导、开发扶贫、社会参与、科学发展等。[2] 坚持这些基本经验并注重各项政策结合，是中国农村减贫政策体系的明显特征。

---

[1] 据统计，截至2010年，中国扶贫领域共利用各类外资14亿美元，加上国内配套资金，直接投资总额近200亿元人民币，共实施了110个外资扶贫项目。覆盖了中西部地区的20个省（区、市）、300多个县，近2 000万贫困人口受益。

[2] 范小建：《中国特色社会主义扶贫开发的基本经验》，载于《老区建设》2007年第12期。

### 1. 坚持持久扶贫与攻坚扶贫相结合

与贫困抗争是人类永恒的任务。扶贫开发与中国社会主义初级阶段相始终，消除绝对贫困后，继续缓解相对贫困，直至共同富裕。[①] 为履行这一使命，需要打好每一阶段的攻坚战，如"八七扶贫攻坚"、"到2020年基本消除绝对贫困"等阶段性攻坚任务。

### 2. 坚持区域发展与到村到户相结合

在扶贫到户、整村推进的同时，着力推动贫困地区的区域发展，优化贫困人口发展的宏观环境。区域发展关键在于化解区域性瓶颈制约因素，重点是改善基础设施、发展特色优势产业和保护生态环境。到村到户关键是提高贫困人口自我积累、自我发展的能力，重点是提高劳动力素质。两项政策的结合体现了减贫与发展的内在统一性。

### 3. 坚持专项扶贫和行业扶贫、社会扶贫相结合

政府扶贫部门负责实施专项扶贫，组织实施专项扶贫开发规划；政府其他部门负责实施行业扶贫，将贫困地区作为本部门发展重点，发挥行业优势促进贫困地区交通、水利、国土资源、电力、教育、科技、文化、卫生、人口和计划生育等各项事业发展。社会各界积极参与实施社会扶贫，通过多种方式支持贫困地区开发建设。

### 4. 坚持开发式扶贫和社会保障相结合

扶贫开发和社会保障都是增进贫困人口福祉的重要手段。扶贫开发着眼于提高扶贫对象的自我发展能力，是改变落后面貌、实现脱贫致富的根本出路；社会保障着眼于维护公民基本福利，是解决生存和温饱问题的基本手段。农村基本形成了以农村最低生活保障、新型农村合作医疗、新型农村社会养老保险三项制度为核心，以五保供养、临时救助、社会福利和慈善事业为补充的农村社会保障体系。两个方面相辅相成、相互促进，形成"双轮驱动"的格局。

### 5. 坚持政府主导与多元力量相结合

中国扶贫属于政府主导型，有独特优势，但也有一定的局限性。在市场经济条件下，应发挥政府、市场和社会等多元力量的作用，构建大扶贫

---

[①] 刘永富：《打赢全面建成小康社会的扶贫攻坚战》，载于《人民日报》2014年4月9日。

的格局。同时，贫困地区和贫困人口应发扬自强不息、艰苦奋斗、不等不靠、苦干实干的精神，发挥主体积极性，依靠自身力量改变贫困落后的面貌。

## 二、体现动态调整

中国农村减贫政策随着宏观经济社会发展而不断变动。减贫政策的变化反映出减贫战略在不断调整完善（如表4-3所示），三大资本建设的逐步耦合，反映出各个时期减贫行动的有效针对性。

表4-3　　　　　中国不同阶段的农村减贫战略和政策变迁

| 阶段划分 | 对应的传统减贫发展时期 | 减贫战略变迁 | 减贫政策变动 |
| --- | --- | --- | --- |
| 低收入阶段 | 救济式减贫时期（1949~1977年） | 经济增长战略 | 重视物质资本建设。农村社区五保制度和救济为主的社会保障 |
|  | 体制变革减贫时期（1978~1985年） | 制度推动战略 | 重视物质资本建设。农村土地制度改革提高农业产出。后期开始探索实施单项减贫政策 |
|  | 专项扶贫攻坚时期（1986~2000年） | 贫困区域发展战略 | 重视物质资本建设，关注人力资本建设。成立专门的扶贫机构，制定减贫规划和政策，针对贫困区域以县为单位组织实施温饱工程 |
| 中等偏下收入阶段 | 缓解相对贫困时期（2001~2010年） | 瞄准贫困人口战略 | 重视物质资本和人力资本建设。以贫困村为单元，瞄准贫困人口开发经济资源和人力资源，巩固温饱成果，缓解相对贫困。专项扶贫、行业扶贫和社会扶贫政策结合 |
| 中等偏上收入阶段 | 统筹区域发展与减贫时期（2011~2020年） | 区域发展与减贫结合战略 | 重视物质资本、人力资本建设，关注社会资本建设。统筹区域发展与减贫，巩固温饱，缩小区域发展差距。减贫政策与发展政策有机统一 |

**1. 低收入阶段的政策概要**

该阶段分三个时期先后实施了经济增长、制度推动和贫困区域发展等减贫战略，并相应作了减贫政策调整。

在计划经济体制下的救济式扶贫时期（1949~1977年），国家针对总体物质贫乏状况，实施经济增长战略。在计划体制和平均分配制度框架内，国家加快工业体系建设，农业发展服务于工业发展。这一时期没有专门的扶贫机构和减贫政策，农村五保制度和针对特殊人口的救济制度在行使扶贫济困的功能。

在经济体制改革促进减贫时期（1978~1985年），土地制度改革激活了农民的生产积极性，在体制和技术进步力量的推动下，农业生产率大大提高，粮食、畜产品、油料和棉花产量大幅增长，为农民解决温饱问题提供了物质保障。这一时期也未设立专门的扶贫机构，但1980年后，国家开始实施单项减贫政策，如设立财政支援经济不发达地区发展资金、实施"三西建设"和"以工代赈"等，为后来有组织的减贫行动探索了道路。

在专项开发式扶贫时期（1986~2000年），国家成立专门扶贫机构，组织实施有计划、大规模的减贫行动，实施贫困区域发展战略，制定了国家减贫规划和政策，以县为单位组织实施温饱工程。这一时期减贫政策突出物质资本建设，减贫成效为中国总体进入小康社会作出了贡献。

**2. 中等偏下收入阶段的政策概要**

该阶段即巩固温饱和缓解相对贫困时期（2001~2010年）。在全面建设小康社会新要求下，农村减贫实施瞄准贫困人口战略，政策的主要目标是巩固温饱成果和缓解相对贫困，政策要点是工作重心下沉到贫困村，瞄准贫困人口开发经济资源和人力资源，加快贫困地区和贫困人口的物质资本建设及人力资本建设，专项扶贫政策与行业扶贫政策和社会扶贫政策结合使用。

**3. 中等偏上收入阶段的政策概要**

该阶段即统筹区域发展和扶贫攻坚时期（2011~2020年）。围绕到2020年与全国同步进入小康社会的总体经济社会发展目标，实施区域发展与减贫结合战略，在巩固贫困人口温饱基础上，切实加快贫困区域发展，缩小贫困区域与发达区域的发展差距。实现减贫政策与发展政策的有机统一。在重视物质资本建设和人力资本建设的同时，加强社会资本建设。

## 三、政策的局限性

**1. 政策供给与需求不相称**

中国农村扶贫具有明显的政府主导型特征，政府政策支持是贫困地区发展和贫困人口脱贫的必要条件。从多年减贫实践看，贫困地区和贫困人口发展的政策需求量大，而政府的政策供给量相对较小，减贫政策供需缺口较大。具体而言，在专项扶贫领域，突出表现为公共财政支持政策供给不足；在行业扶贫领域，突出表现为基本公共服务均等化贫困农村优先政策供给不足；在社会扶贫领域，突出表现为引导社会各界参与扶贫济困的鼓励性政策供给不足。政策供给与贫困地区的需求不相称，必然影响贫困地区的发展进程。根据实践需要不断完善减贫政策体系，应该成为今后减贫行动的重要着力点。

**2. 政策瞄准与目标部分偏离**

减贫政策偏离目标是指减贫政策没有瞄准贫困地区和贫困群体，贫困地区和贫困群体未能享受到减贫政策的惠顾，而另外一些地区或群体却在"搭便车"，争享扶贫政策和资源。实践中，政策偏离目标主要表现为扶贫资金项目与扶贫规划相脱节、与扶贫建档立卡的贫困人口相脱离。减贫政策由于目标偏离导致资源分散使用和效益损失，这是"政府失灵"的一种表征。究其原因，有可能因为政策本身存在漏洞和不完善的地方，也可能因为贫困地区在政策执行中存在偏差，还可能因为利益博弈或权力寻租使然。但如果不能有效地解决目标偏离的问题，扶贫资源的使用效益就会受到影响，减贫绩效就难以提高。

**3. 政策配合协调受体制制约**

减贫政策配合协调的目的在于形成扶贫合力。由于专项扶贫政策的制定者是扶贫部门，行业扶贫政策的制定者是其他政府部门，社会扶贫政策的制定者广泛涉及政府各部门，在现行行政管理体制下，政府部门也存在争夺管理权益的冲动，部门之间的政策配合和协调存在体制制约，一些政策甚至相互冲突。在中央、省、市三级，部门间政策配合协调比较困难；在县一级，部门间政策配合协调可能性增大，但有时受限于部门考核相关要求，县一级的政策配合协调也难以形成合力。要解决这一问题，需要在深化行政管理体制改革方面下功夫，一方面应积极推进大部委制，合并政府部门职能，减少部门摩擦的机会；另一方面要发挥各级人民代表大会的权力监督职能，督促部门限时办理或由常委会审议决定部门间政策协调事项。

**4. 政策受体参与决策能力有限**

农村减贫政策制定的主体是政府，决策程序主要是自上而下，由于"政府失灵"和政策时滞影响，尽管决策效率高，但政策执行效果未必能够达到最优程度。贫困人口作为政策受体，由于自身素质局限性和现行社会管理体制的局限性，实际参与扶贫决策的能力和程度有限。减贫政策不仅缺乏贫困人口的决策参与，还缺乏贫困人口对政策施行的过程监督和效果评估。完善减贫政策的决策程序，实现自上而下和自下而上相结合，促进政府"顶层设计"与贫困群众实际需求相衔接，提高贫困群众参与程度，是今后减贫政策制定需要把握的科学方法。

**5. 政策绩效考评制度不完善**

把绩效考评制度引入减贫实践是近些年开始的，由于运行时间不长，减贫政策绩效考评制度尚不完善，主要表现在三个方面。一是考评体系尚不完善，包括考评指标设置和分值权重分配等还需要在实践中逐步完善。二是考评方法不科学。现行减贫绩效考评方式是：省（自治区、直辖市）扶贫和财政部门自行填表测评，国务院扶贫办和财政部根据各省（自治区、直辖市）报表及日常掌握的各地扶贫工作情况，组成专家组进行综合评分与排序。由于各省（自治区、直辖市）自行填写报表带有主观性并存在道德风险，相关数据的客观真实性受到挑战。如果能够采取引进第三方进行实地调研和填写报表的办法，必将提高考评的相对客观性及真实性。三是考评结果运用的激励约束机制不健全。对考评成绩好的省（自治区、直辖市）资金项目奖励额度不大，对考评成绩差的省（自治区、直辖市）资金项目扣减额度也不大；同时，考评结果没有对社会公开，缺少社会监督和贫困群体的监督。这样，考评工作的激励约束作用就不能有效发挥。这些不足需要在实践中进一步完善。

# 第5章

# 中国减贫发展面临的挑战

人类社会对减贫与发展关系的认识渐趋理性。基于贫困现象是人类社会发展过程中的常态伴生物，宏观角度的发展内在地包含减贫，而微观角度的具体发展项目与专项扶贫项目是相互补充和促进的关系。减贫无非是另外一种形式的发展，减贫问题的实质是发展问题。分析中等收入阶段的减贫挑战，既应立足于贫困自身特征，也应放置于宏观发展格局中去把握。本章在分析减贫发展新特征的基础上，重点剖析了减贫面临的挑战。

## 第1节 现阶段中国减贫发展的新特征

在中等收入阶段，中国减贫发展呈现出新的经济特征、社会特征和贫困特征。其中经济特征主要体现在：经济总量增加，人均水平和国际竞争力有差距；经济保持较长时间快速增长，即将面临增速回落窗口；经济结构渐进调整，不合理因素仍然存在；工业化、城镇化、信息化水平提升，国际比较尚有差距。社会特征主要体现在：社会结构分化和固化；社会福利的构建和缺失；社会利益的失衡与协调；社会公正的进步和挑战；社会包容的不足与改进。贫困特征主要体现在：绝对贫困到相对贫困；单维贫困到多维贫困；静态贫困到动态贫困；短期贫困到慢性贫困。

## 一、经济特征

**1. 经济总量增加，人均水平和国际竞争力有差距**

中国国家统计局统计指标显示，1997 年中国国内生产总值（GDP）占世界比重约为 3.5%，2005 年为 5.0%，到 2010 年该数值则达到了 9.5%。在"十一五"期间，中国 GDP 的国际排名也由 2005 年的第 5 位提升至 2006 年的第 4 位、2007 年的第 3 位，至 2010 年则达到了第 2 位。中、美、日三国 GDP 比较如表 5 - 1 所示。

表 5 - 1　　　　　　　　　中、美、日三国 GDP 比较　　　　　　　单位：美元

| 年份 | 中国 | 美国 | 日本 |
| --- | --- | --- | --- |
| 1997 | 952 652 693 079 | 8 256 500 000 000 | 4 261 842 006 300 |
| 1998 | 1 019 458 585 326 | 8 741 000 000 000 | 3 857 027 943 101 |
| 1999 | 1 083 277 930 360 | 9 301 000 000 000 | 4 368 734 790 197 |
| 2000 | 1 198 474 934 199 | 9 898 800 000 000 | 4 667 448 302 100 |
| 2001 | 10 233 900 000 000 | 1 324 806 914 358 | 4 095 484 283 985 |
| 2002 | 1 453 827 554 714 | 10 590 200 000 000 | 3 918 335 087 887 |
| 2003 | 1 640 958 732 775 | 11 089 200 000 000 | 4 229 096 852 937 |
| 2004 | 1 931 644 331 142 | 11 812 300 000 000 | 4 605 920 900 613 |
| 2005 | 2 256 902 590 825 | 12 579 700 000 000 | 4 552 200 185 088 |
| 2006 | 2 712 950 886 698 | 13 336 200 000 000 | 4 362 589 532 154 |
| 2007 | 3 494 055 944 791 | 13 995 000 000 000 | 4 377 943 849 041 |
| 2008 | 4 521 827 288 304 | 14 296 900 000 000 | 4 879 861 453 768 |
| 2009 | 4 991 256 406 735 | 14 048 056 670 216 | 5 032 982 758 381 |
| 2010 | 5 926 612 009 750 | 14 586 736 313 339 | 5 458 836 663 871 |

资料来源：笔者根据世界银行数据库数据整理。

但是，中国人均 GDP 在全球仍然处于较低位次（如表 5 - 2 所示）。世界银行统计资料显示，2011 年中国人均 GDP 为 5 184 美元，全球排名第 90 位。排名第一的卢森堡人均 GDP 约为中国的 23.59 倍，美国、日本均为中国的 9 倍左右。全球平均水平为 9 998 美元，中国仅为全球平均水平的一半左右。

# 第5章
## 中国减贫发展面临的挑战

表 5-2　　　　　　　　世界人均 GDP 排名摘录　　　　　　单位：美元

| 排名 | 国家 | 人均 GDP |
| --- | --- | --- |
| 1 | 卢森堡 | 122 272 |
| 15 | 美国 | 48 147 |
| 18 | 日本 | 45 774 |
| 90 | 中国 | 5 184 |
| — | 世界平均 | 9 998 |

资料来源：笔者根据世界银行数据库数据整理。

根据全球竞争力排序，中国内地全球竞争力排名世界第 26 位。[①] 该报告将世界经济体划分为要素驱动、效率驱动和创新驱动三个阶段，中国内地已成功进入效率驱动阶段。但与亚洲新兴国家相比，支持中国竞争力的最强大优势是市场规模。中国在金融市场成熟程度、科技创新能力和高等教育等方面仍处于较落后的水平，中国正面临着产业结构升级和经济长期可持续发展等问题的挑战。

**2. 经济保持较长时间快速增长，即将面临增速回落窗口**

改革开放以来，中国经济经历了一个年均增速达 10% 的高速增长过程。自 1978~2010 年，经济增速以 10% 的速度为轴上下波动（如图 5-1 所示），经历了三个周期：第一次增速的谷底出现在 1981 年，触底后增速开始加快，到 1984 年中国 GDP 的增速达到了近 34 年的最高值 15.3%；1984 年后增速开始回落，到 1990 年达到改革开放以来的第二个增长的低谷，增速为 4.1%，此后，经济迅速回升，1992 年经济增速达到第二个峰值 14.1%；1993 年中央政府对经济过热态势高度重视，比较早地采取了调控措施，经济增速缓慢回落，1998 年受亚洲金融危机的影响，增速放缓到 7.3% 的第三个低谷，此后增速回升，随着 2002 年以来固定资产投资的增大，经济保持平稳高速增长，2007 年 GDP 增速达到了第三个峰值 14.6%；受世界金融危机的影响，中国的出口大幅度下滑，2007 年开始，GDP 增速急速下降，2009 年增速跌至 8.9%，比 2007 年增速降低 5.7 个百分点，虽然如此，但是 2008 年以来随着中国众多经济刺激政策的出台，经济增速还是保持了 10% 左右的高速增长。

---

① 世界经济论坛：《2011~2012 全球竞争力报告》，2011 年 9 月。

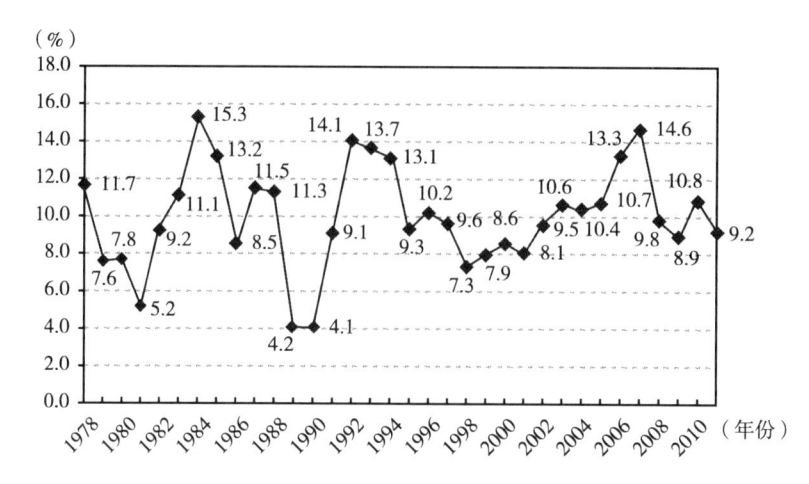

**图 5-1　1978～2010 年中国 GDP 增长率变化**

资料来源：笔者根据《中国统计年鉴 2011》整理。

根据国务院发展研究中心课题组的《中国经济潜在增长速度转折的时间窗口测算》，中国经济在经历 30 多年的高速增长之后，经济潜在增长率很可能在 2015 年前后下一个台阶，时间窗口分布为 2013～2017 年，预计中国经济"十二五"期间潜在增长率为年均 9.1%，"十三五"期间为年均 7.1%。

**3. 经济结构渐进调整，不合理因素仍存**

（1）产业结构逐渐优化。1952 年，中国第一、二、三产业比为 50.95∶20.88∶28.16，经济发展处于农业社会阶段。到 1978 年，中国产业结构发生了明显的变化，第一、二、三产业占 GDP 比重分别为 28.19%、47.88% 和 23.94%，经济发展进入工业化发展阶段。到 2011 年，中国第一产业占 GDP 比重下降至 10.12%，第二产业基本没有变化，第三产业大幅上升至 43.10%，经济结构进一步优化。但国际比较表明，中国第三产业发展仍明显落后于中等收入国家水平，远低于高收入国家，这说明中国经济结构仍不合理，需要大力发展第三产业。具体例证是，2008 年中国三大产业构成为 10.7%、47.5%、41.8%，而世界中等收入国家 GDP 构成是 10.1%、36.9%、53%，世界高收入国家的 GDP 构成是 1.4%、26.1%、72.5%（此处为 2006 年数据）。[①]

---

[①] 国务院第二次全国经济普查领导小组办公室：《第二次全国经济普查分析报告选编》，中国统计出版社 2011 年版，第 68 页。

## 第5章 中国减贫发展面临的挑战

(2) 投资结构表现出新特点。中央项目投资比重下降，地方项目投资比重上升。投资资金来源多元化，国家财政投资比例下降，企业利用直接融资、间接融资投资比重增加，利用外资投资数量也不断增加。同时，中国地区投资结构不平衡，高消耗、高投入、高污染的产业投资增长过快，符合新型工业化道路要求的产业投资增长缓慢。城乡固定资产投资差距拉大，2010年城镇固定资产投资/农村固定资产投资值和非农户固定资产投资/农户固定资产投资值分别为6.58倍和3.71倍，而在1995年两个比值仅为3.57倍和1.18倍（如图5-2所示）。

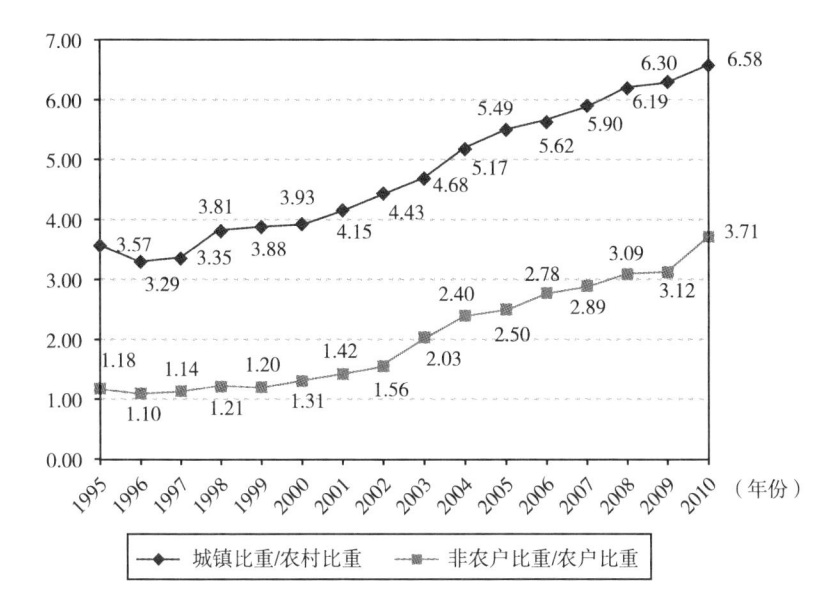

**图5-2　1995~2010年城乡固定资产投资比较**

资料来源：笔者根据《中国统计年鉴2011》的相关数据整理。

(3) 城乡居民消费结构不断升级。随着人均收入的不断上升，中国的消费结构正在从"衣食"向"住行"、"康乐"升级。根据国家统计局住户调查数据，比较城乡居民收入分组消费特征可知：城镇家庭消费结构从收入等级看，随着收入的提高，食品、居住、医疗保健等消费支出比重呈降低趋势；衣着、家庭设备用品及服务、交通和通信、教育文化娱乐服务、其他商品和服务等消费支出比重呈升高趋势，如图5-3所示。农村家庭消费结构从收入等级看，随着收入的提高，食品、医疗保健等消费支出比重呈降低趋势，其他均在升高，如图 5-4 所示。其中，城镇居民和农村居民均随着收入增加而减少了医疗保健支出，表明与全国社会保障体系的逐步完善有密切关联。

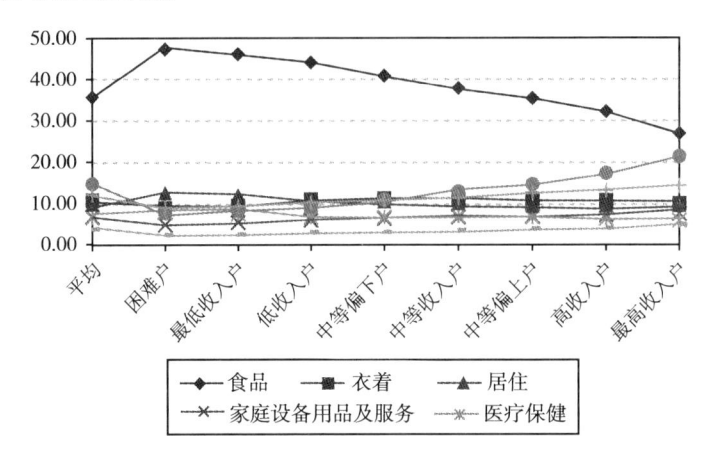

**图 5-3 2010 年城镇居民消费结构**

资料来源：笔者根据《中国统计年鉴 2011》的相关数据整理。

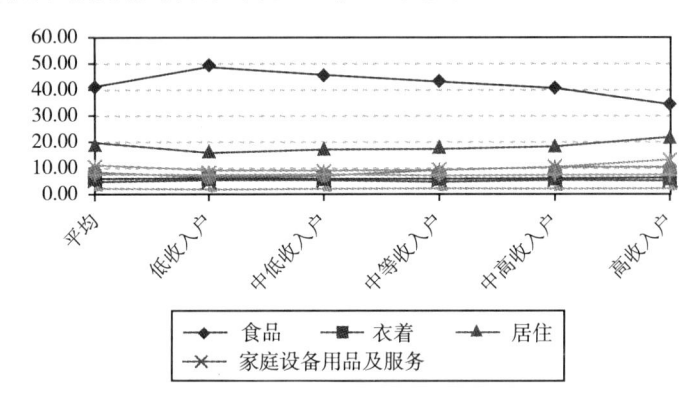

**图 5-4 2010 年农村居民消费结构**

资料来源：笔者根据《中国统计年鉴 2011》的相关数据整理。

但研究表明，城镇和农村居民的人均消费支出水平一直保持着很大的差距，1978 年城镇居民人均消费水平是农村的 2.9 倍，到 2010 年变成 3.6 倍，如图 5-5 所示。

值得重视的是，近年来消费需求对经济增长贡献率有限。改革开放以来到 2001 年，投资、出口、消费三大需求对经济增长的贡献率中消费要大于投资。而 2001 年以后，投资对国内生产的贡献率要强于消费。中国消费

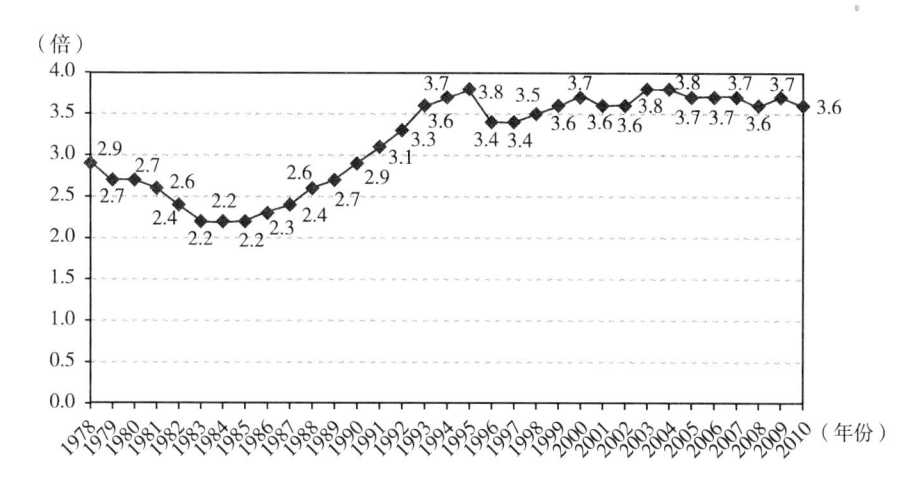

**图 5－5  1978～2010 年中国城镇、农村居民人均消费支出水平对比**

注：农村居民 = 1。

资料来源：笔者根据《中国统计年鉴 2011》相关数据整理。

需求对经济增长的贡献率 1985 年达到 85.5%，为改革开放以来的最高值，之后震荡走低，2003 年达到 35.8%，为改革开放以来的最低值。此后，消费需求对经济增长的贡献率在 40% 左右震荡，只有 2009 年在众多消费政策的刺激下达到了 47.6% 的贡献率，如图 5－6 所示。

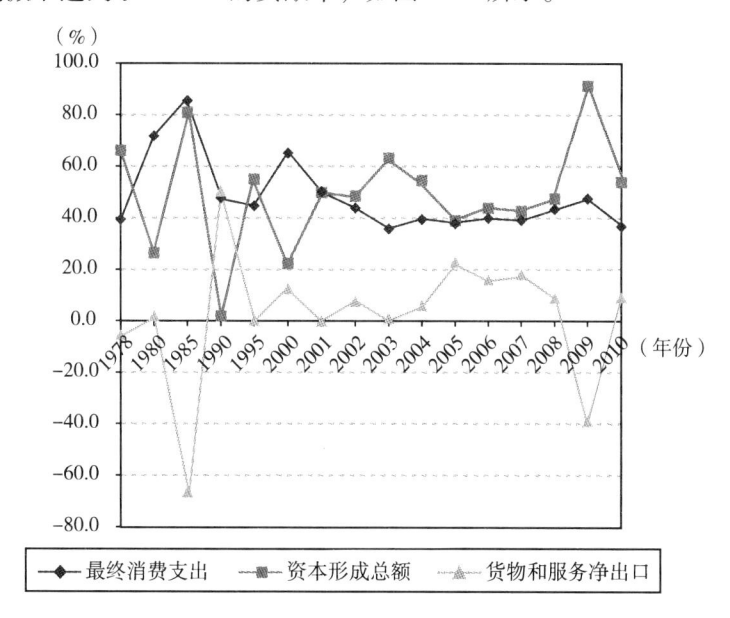

**图 5－6  1978～2010 年三大需求对国内生产总值增长的贡献率**

资料来源：笔者根据《中国统计年鉴 2011》相关数据整理。

(4) 贸易结构需要改善。对外贸易成为中国经济快速增长的动力之一。经过三十多年的发展，中国对外贸易取得了巨大成就。第一，货物贸易总量跻身世界前列。2010 年中国货物进出口总额达到 29 740 亿美元，其中出口总额 15 778 亿美元，居世界第一；进口总额 13 962 亿美元，居世界第二（如表 5－3 所示）。第二，贸易结构发生变化，实现了从以初级产品为主向以工业制成品为主，以出口自然资源密集型产品为主逐步向以出口劳动密集型产品为主，同时机电产品、高新技术产品出口增长显著；进口产品中资源与高科技产品比重不断增大。第三，形成了全方位多元化的进出口市场格局，与世界绝大多数国家建立了贸易关系。第四，服务贸易的国际竞争力大大增强。

表 5－3　　　　　　　中国对外贸易主要指标世界排名

| 年份 | 进出口贸易总额 | 出口额 | 进口额 | 外商直接投资 | 外汇储备 |
|---|---|---|---|---|---|
| 1978 | 29 | 30 | 27 |  | 38 |
| 1980 | 26 | 28 | 22 | 60 | 37 |
| 1990 | 15 | 14 | 17 | 12 | 7 |
| 2000 | 8 | 7 | 9 | 9 | 2 |
| 2007 | 3 | 2 | 3 | 6 | 1 |
| 2008 | 3 | 2 | 3 | 3 | 1 |
| 2009 | 2 | 1 | 2 | 2 | 1 |
| 2010 | 2 | 1 | 2 | 2 | 1 |

资料来源：笔者根据《中国统计年鉴 2011》相关数据整理。

但是，与世界贸易强国比较，中国出口产业还处于产业链的低端，加工贸易占据对外贸易一半以上，资源、能源等要素投入和环境成本还比较高，企业国际竞争力、一些行业的抗风险能力相对较弱等。从中国出口商品的市场结构看，市场结构集中度很高，主要出口对象是美国、欧盟、巴西、墨西哥、南非、澳大利亚、新加坡、日本和加拿大等国家和地区。从中国出口商品的国内地区结构看，日益集中于东部沿海 10 个省市，即广东、上海、江苏、浙江、北京、天津、河北、辽宁、福建和山东，近年来这 10 个省市的出口总额占全国份额的 90% 以上。

(5) 就业结构继续发生变化。如图 5-7 所示，改革开放以来，中国三次产业就业人员数呈现出从第一产业向第二、第三产业转移的态势。第一产业就业人员所占比例持续快速减少，第二、第三产业就业人员数所占比例持续上升，第三产业增加速度较快。1994 年中国第三产业就业人员所占的比例首次超过第二产业，到 2010 年第三产业就业人数占比与第一产业占比仅相差 2.1%。

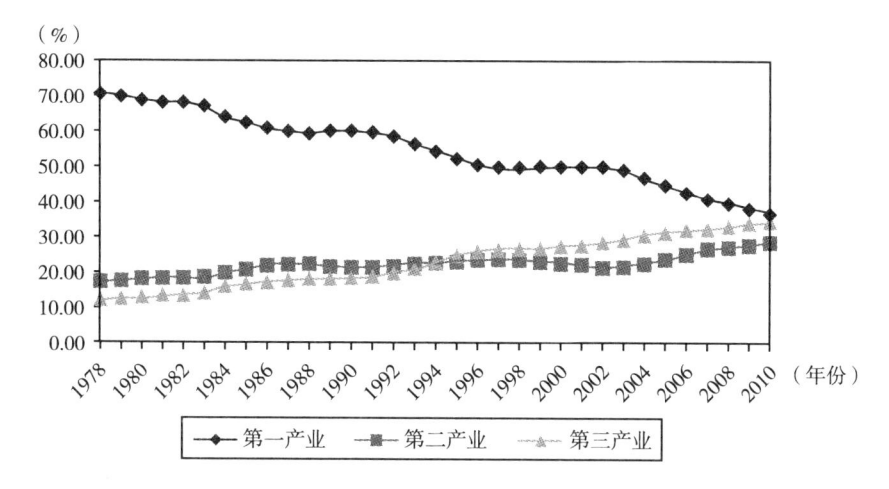

**图 5-7　1978~2010 年中国三次产业就业人员结构变动**
资料来源：笔者根据《中国统计年鉴 2011》相关数据整理。

值得关注的是，中国就业结构与产业结构之间的协同度不够强，劳动力结构对产业结构的反应不太敏感。第一产业不能吸纳劳动力就业，还是劳动力流出的部门；第二产业正在接纳其他部门转移过来的劳动力，但是接纳能力有限；第三产业接纳劳动力的能力则越来越强。

**4. 工业化、城镇化、信息化水平提升，国际比较尚有差距**

(1) 工业化水平提升。国际上衡量工业化水平经常采用人均生产总值、非农增加值比重、非农就业比重和城镇化率四项指标，并根据不同的指标值将工业化进程划分为三个阶段：第一阶段是工业化初期，即工业化起步；第二阶段是工业化中期，即工业化起飞；第三阶段是工业化后期，即基本实现工业化，工业化每个阶段对应着不同水平的城镇化水平，如表 5-4 所示。

表 5-4　　　　　　工业化进程与城镇化率的经验数据　　　　　　单位:%

| 发展阶段 | 人均生产总值（美元） | 非农增加值比重 | 非农就业比重 | 城镇化率 |
|---|---|---|---|---|
| 工业化初期（工业化起步） | 600 | 65 | 20 | 10 |
| 工业化中期（工业化起飞） | 1 200 | 80 | 50 | 30 |
| 工业化后期（基本实现工业化） | 3 000 | 90 | 70 | 60 |
| 后工业化阶段（全面实现工业化） | 4 500 | 95 | 90 | 80 |

资料来源：陈梅芬，《四川工业化进程预测》，四川省发展和改革委员会网站（www.scdrc.gov.cn）。

2010 年，中国人均国内生产总值为 4 283 美元，非农增加值比重为 89.9%，非农就业比重为 63.33%，三个指标均接近工业化后期的指标。中国工业化水平与发展中国家平均水平相当，但与发达国家差距较大。

（2）城市化水平提升。2010 年，中国城市化水平比 1978 年有了大幅提升，中国的城镇人口占总人口比例达到了 44.90%，但同时中国城市化还面临着质量不高、结构失衡的问题。国际比较，中国城市化率比发达国家低 31.87%，比世界平均水平低 13.03%，比发展中国家平均水平也低 11.39%，说明中国城市化仍处于比较低的水平（如图 5-8 所示）。

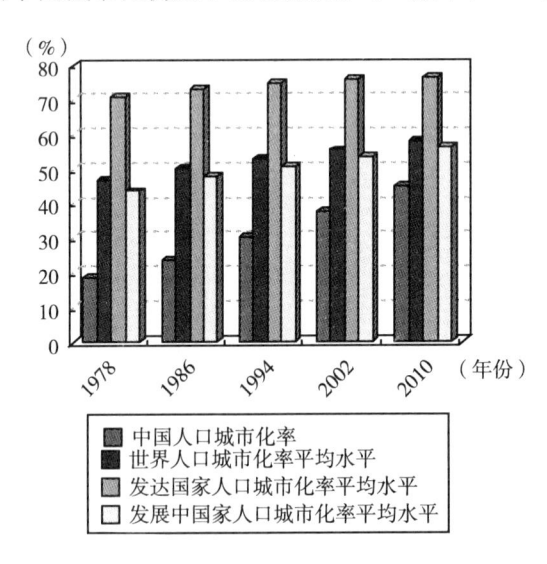

图 5-8　1978~2010 年城市化率比较

资料来源：笔者根据世界银行数据库数据整理。

（3）信息化水平提升。中国的信息化建设取得了巨大的成就，但是与发达国家相比还有比较大的差距，中国应继续推进传统产业改造提升，进一步促进信息化与工业化融合。中国从 1987 年开始有每百人拥有移动电话数量数据。从总的趋势来看，各国拥有的移动电话数量都呈现出上升水平。1987 年，发达国家每百人仅拥有 0.60 部移动电话，而此时发展中国家平均水平为 0.10，世界平均水平为 0.35，中国刚刚起步，可以忽略不计。至 2000 年，中国每百人拥有移动电话数量达到 6.75 部，与发达国家 51.06 部的数量还有非常大的差距，但是已经十分接近发展中国家平均水平了。2010 年，中国拥有移动电话的总量已经达到世界第一位，但是人均水平仍然低于发达国家，与发展中国家相比，差距比 2000 年又扩大了（如图 5-9 所示）。

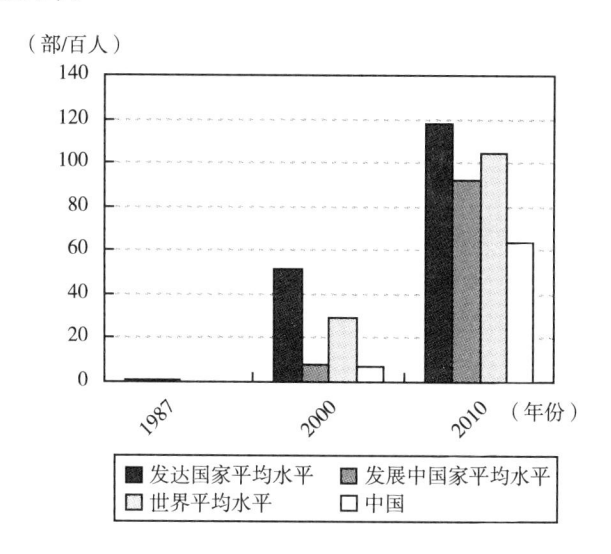

**图 5-9 每 100 人所拥有移动电话数量的对比和变化**
资料来源：笔者根据世界银行数据库数据整理。

互联网用户是指接入国际互联网的人数，世界银行数据库自 1990 年开始有每百人中互联网用户的数据，而中国是 1993 年开始有数据记录。1993 年，中国每百人拥有互联网用户为 0.00017 人，可以忽略不计，发达国家达到了 0.86 人，发展中国家为 0.03 人，世界平均水平为 0.45 人，发展中国家与发达国家差距很大。2000 年，中国每百人拥有互联网用户为 1.79 人，与发达国家的 25.96 人尚有很大差距，但是已经接近发展中国家 4.04

人的平均水平。到 2010 年，中国每百人拥有互联网用户数量已经超过了发展中国家的平均水平，但是相比发达国家与世界平均水平仍然有一定差距（如图 5-10 所示）。

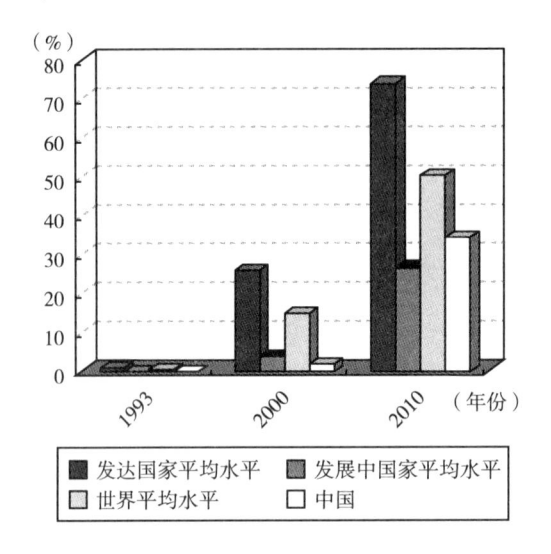

**图 5-10　每 100 人所拥有的互联网用户水平对比和变化**
资料来源：笔者根据世界银行数据库数据整理。

## 二、社会特征

### 1. 社会结构的分化和固化

改革开放以来，中国原来的工人阶级、农民阶级和知识分子阶层（简称"两个阶级一个阶层"）的社会结构出现了剧烈分化，并呈现出以下特征。第一，社会结构分化加速。大批农民进城务工形成农民工群体，部分进城务工农民经济社会地位以及职业角色发生重大变化，促使农民阶级内部出现剧烈分化。第二，工人阶级中出现了许多非公有、非国有制经济的工人，而一部分国有制、集体所有制企业工人因为企业合并或者破产等原因下岗，成为新的社会困难群体。第三，个体户、外资企业技术管理人员以及私营业主等则是近些年出现的新的社会阶层。整体考察，中国社会阶层结构不尽合理，社会中间阶层规模较小，低收入的弱势群体数量较大。

同时也要看到，由权力精英、资本精英和知识精英构成的排斥性社会体制已经且日益固化、僵化,很多底层民众缺少或没有向上流动的平等机会。低收入者被"锁定"在底层的现象日益严重,而且这种被"锁定"状态具有代际传递的特征。社会上普遍存在的"穷二代"、"新生代农民工"、大学生"蚁族"等问题,就是底层被"锁定"的现实例证,这应引起有关方面的重视。

**2. 社会福利的构建和缺失**

改革开放以来,中国福利制度充分考虑了经济发展的阶段性特征,逐步建设起覆盖城乡的社会保障体系,不断加大社会福利支出,提高全社会的福利水平,努力让发展成果为全体国民所享有。

但是,中国当前的社会福利制度还存在一些缺陷,如社会福利方面的公共支出总量不足。同时,社会福利方面公共支出结构不合理,幼儿教育和基础性教育投入不足,对公共卫生与医疗保健方面的财政支出也十分有限。因此,中国的社会福利制度并没有彻底解决中国的贫富差距问题和社会底层民众的福祉问题。

**3. 社会利益的失衡与协调**

伴随经济社会的不断发展,中国社会利益主体不断分化。社会利益关系呈现以下特点:利益观念深入人心、利益主体多元化、利益诉求多样化、利益表达公开化、利益差距扩大化、利益关系复杂化,以及各利益主体利益关系的矛盾趋于公开,利益冲突的对抗程度有所加强。

协调社会利益关系需要采取以下政策措施:一是大力发展生产力,把利益"蛋糕"做大,从根本上解决当前复杂的社会利益冲突问题;二是统筹兼顾社会各利益主体的利益,尤其要突出关注社会底层弱势群体(贫困农民、农民工群体和城市低收入者)的社会利益问题,维护社会各阶层的利益均衡;三是加快建立健全通畅的利益表达机制,使社会弱势群体能够直接有效地与政府相关部门进行沟通,将自己的合理利益诉求及时有效地进行表达,使存在的利益问题能够及时合理地得到解决,使政策制定能充分考虑弱势群体的利益诉求。

**4. 社会公正的进步和挑战**

社会公正主要包括权利平等、机会平等、分配公正和规则平等。社会主义制度是中国社会公正的最根本制度保证,中国特色社会主义建设的目标之一就是实现社会公平正义。市场效率和政府调节是实现社会公正的两个重要手段。

但是,当前中国正处于社会转型期间,许多社会不公正现象凸显:收入差距日益扩大,一些群体之间的收入差距已经突破合理的限度;城乡之间、地区之间发展不平衡、不协调;由于体制机制不完善,权钱交易等腐败问题屡禁不止。这些不公正的现象,影响到社会稳定和谐。

**5. 社会包容的不足与改进**

社会包容指不同社会成员和他们的社会行为能够得到社会制度的认同。社会包容包括经济、政治和社会三个层面。其中,经济与政治的平等与融合是基础,最终目标是社会平等与融合。社会包容要求政府治理坚持公平正义,主张公民本位。倡导社会包容,是中国社会发展的内在要求,是全球化背景下对执政党提出的新的要求,也是缓解社会矛盾冲突的重要途径。

当前,中国经济发展不平衡以及不同群体分享社会公共服务不均等,导致贫富差距仍在扩大。这种发展与分享的不平衡性,是社会不包容的典型表现。实现社会包容需要政府和公民的共同努力:一是建立服务型政府,保障公民享有的基本权利;二是在政府指导下发展公民社会组织,将政府之前承担的一些技术性与服务性的职能转移给公民社会组织;三是创新社会管理,提供更加优质均衡的基本公共服务;四是加强法制建设和道德建设。

## 三、贫困特征

2011年中共中央、国务院颁发《中国农村扶贫开发纲要(2011~2020年)》,标志着中国农村扶贫开发进入减贫发展新阶段。新阶段的贫困特征包括以下四方面。

**1. 绝对贫困到相对贫困**

根据世界银行统计数据,2010年中国人均GNI为4 260美元(当年平均汇率1美元=6.7116元人民币),是当年中国农村贫困标准1 274元人民币的22.44倍。如果仅看国民收入的平均数,则中国农村已经告别贫困。

显然，平均数不能全面真实地反映国内不同群体、个体之间的收入差距和贫富差距，甚至掩盖了贫困现象。因此，尽管中国进入了中等收入阶段，仍然不能忽视贫困问题。

但中等收入阶段的贫困特征和减贫任务显然不同于以往各个时期。在2000年前，解决农村贫困人口温饱问题是首要任务；在刚刚过去的十年（2001~2010年），解决温饱和巩固温饱是并重的任务。进入中等偏上收入阶段后，不得温饱现象在中国属于特例和个别现象，其他方面的基本生产生活需要、更高层次的生产生活需要以及基本公共服务需要，则是农村贫困群众的重大关切。这一阶段，绝对贫困基本消除，相对贫困问题凸显，返贫现象时有发生，贫困地区特别是集中连片特殊困难地区发展滞后，[1]扶贫任务仍十分艰巨。

世界银行把收入只有或少于社会平均收入1/3的居民视为相对贫困。按照中国2 300元（约为2010年全国农村居民人均纯收入5 919元的38.86%）的农村扶贫新标准，全国农村有1.66亿低收入人口（2010年年底数据）。作为发展中大国，解决好这1亿多人的相对贫困问题，在很大程度上直接关系到中国发展的成功转型和避免掉进"中等收入陷阱"，直接关系到中国科学发展和可持续发展。

**2. 单维贫困到多维贫困**

进入中等收入阶段和减贫发展相结合阶段后，中国减贫工作的多维特征明显，表现为对象多维、任务多维和手段多维。

（1）对象多维。既包括农村低保人员，也包括农村有劳动能力的低收入贫困人口；既包括连片贫困地区，也包括贫困家庭，还包括残疾人等特殊贫困人群；既包括务农的农村贫困人口，也包括到城市务工的农村贫困人口。

（2）任务多维。农村居民的生存和温饱问题已经基本解决，随着经济社会的全面发展，仅考察收入单项指标已不足以全面反映人们生产生活的状态。需要深入研究把握不同群体在公共政策、教育、医疗、卫生、文化、基础设施等资源享有上的差异，提出和落实有针对性的措施。既要解

---

[1] 郑文凯：《新十年提升扶贫保障线》，载于《瞭望》2011年第24期。

决物质贫困，也要解决能力贫困，还要关心权利贫困问题。

（3）手段多维。既包括行政手段，也包括经济手段。既要依靠政府力量，也要动员社会力量，激活自我发展力量。构建专项扶贫、行业扶贫和社会扶贫三位一体的工作格局。既要加强政府领导，也要尊重贫困群众主体地位，赋予和保证贫困群众的参与权、决策权、管理权和监督权。根据中等收入阶段的国情和国际社会经验教训，赋权和维权是新形势下促进减贫的重要手段。

**3. 静态贫困到动态贫困**

在新的发展阶段，贫困的动态性问题需引起关注。中国农村低收入贫困人口构成中，既有长期处于贫困线以下的贫困人口，也有因自然、市场、社会等外部因素冲击[①]而徘徊在贫困线附近的动态贫困人口。研究表明，在贫困线附近徘徊的动态贫困人口占比接近2/3。影响动态贫困的外部因素主要包括自然冲击、市场冲击、社会冲击和政策冲击等。

自然冲击指自然灾害对贫困人口生产生活带来的负面影响。自然灾害导致生态脆弱地区农民赖以生存的自然生态条件及土地资源条件弱化，农业生产力下降，迫使农民进而对自然资源及生态环境过度开发，形成恶性循环。结果是一部分人因灾致贫或返贫，脱贫的自然生态环境成本进一步加大。

市场冲击指宏观经济波动带来的一种不利影响，其中通货膨胀、农产品贸易条件变化和劳动力市场波动对农村贫困人口影响最为明显。贫困农民收入渠道少且不稳定，如果出现因通胀导致生活费用上涨，可能使其有限的收入大部分甚至全部用于消费支出。农产品贸易条件变化对贫困地区和贫困人口收入的影响是直接和快速的，如果出现农产品贸易条件的恶化，农产品价格指数下降，工业品价格指数持续走高，则会导致农民收入减少，同时增加生活必需品支出，加剧农民陷入收入贫困或暂时贫困的风险。劳动力市场风险同样存在，农村转移劳动力具有低技能特征，当宏观经济不景气就业机会减少时，他们首先受到冲击，有可

---

① 外部冲击指因不确定性且难以人为控制的自然灾害、经济波动、社会动荡、人口疾病等因素对贫困地区和贫困人口造成的影响。外部冲击的可能结果是贫困人口或接近贫困线的人口陷入程度更深的贫困及慢性贫困，非贫困人口或脱贫人口陷入暂时贫困。

能失去工作而陷入贫困。

政策冲击指政策调整或变动导致农户对未来预期不确定，包括正向冲击和负向冲击。前者是有利于农户增加收入和减贫的积极性冲击，如免除农业税、粮食生产直接补贴等；后者则是造成农户减少收入和陷入贫困的不利性冲击，如劳动力市场歧视性政策、管制性户籍政策及限制性社会保障政策等。

此外，2013 年中国农民工的数量达 2.69 亿人，其中外出农民工 1.66 亿人。[①] 由于务工农民自身及客观的就业条件和城市工人比有差距，普遍存在收入低、稳定性差的问题，容易受到市场变化等变故的影响陷入贫困。这部分人群也是中国动态贫困的重要变量，应该研究这一群体减贫的措施。

**4. 短期贫困到慢性贫困**

慢性贫困或长期贫困是指个体、家庭或家族经历了 5 年或 5 年以上的能力剥夺。长期贫困的研究对象主要是那些不能够通过正常的扶贫手段摆脱贫困的人们。长期贫困具有人力资源开发不足、缺乏固定财产和脆弱性等特征，环境、经济、社会和家庭等因素是造成长期贫困的重要方面。

在生态严重脆弱地区，贫困将是慢性或长期的，因为生态环境不能得到修复，而且整体或局部功能继续恶化。这需要政策制定者根据主体功能区规划研究针对性政策，如选择搬迁扶贫。

因健康风险导致个体劳动力完全或局部丧失能力，也可能将该个体和所在家庭拖入慢性贫困。对贫困人口而言，劳动力是最大的资产，是维持生计的基本依靠。当家庭成员遭遇大病、慢性病或伤残等情况时，不仅会造成其家庭收入损失，而且更大的可能是因丧失劳动能力而陷入长期贫困，进而会影响到子女的卫生保健、基础教育、就业培训，使其子女也难以摆脱贫困陷阱，从而使整个家庭陷入慢性贫困状态。贫困人口健康风险存在于两个方面。一是因生态环境脆弱甚至恶化，同时医疗保障制度与救助机制不健全甚至缺失，引发公共卫生问题和地方流行性疾病。如社区居民因饮用不卫生的水易患肠道疾病，沙尘天气地区可能引发呼吸道疾病

---

① 人力资源和社会保障部：《农民工工作情况》，2014 年 2 月 21 日网站发布。

等。二是个体的原因，贫困地区农牧民常常是"小病拖、大病扛"，因错过了最佳治疗期而付出更大身体代价。

贫困代际传递是慢性贫困或长期贫困的一个重要表征，也是中国减贫实践的难点。贫困代际传递既可以发生在贫困家庭，也可以发生在贫困社区。如何切断贫困链条，让贫困家庭的新生代不再延续贫困，让贫困地区由落后极变为发展极，是中等收入阶段中国减贫发展需要重点关注和解决的任务。

## 第2节　现阶段中国发展面临的挑战

现阶段，中国发展面临的挑战主要有：经济结构不合理、收入分配差距大、地区发展不平衡、人力资本开发滞后及自主创新能力不足。

### 一、经济结构不合理

中国经济结构存在以下不合理的状况：

（1）服务业的发展滞后，明显落后于相同收入阶段国家平均水平，更远远落后于发达经济体。世界银行数据显示，2008年中国GDP构成中，第一、二、三产业占比分别为10.7∶47.5∶41.8，而三大产业就业人员比重为39.6∶27.2∶33.2。对比表明，第一产业生产效率过低，存在大量剩余劳动力；而第三产业中就业比重比较低，发展不足。

（2）城镇化率低，区域经济差距扩大。2013年中国城镇化率为53.7%，相比1978年的17.92%有很大提高。但中国城市化水平不仅远低于发达国家80%左右的城市化率，也低于世界平均水平。中国产业结构的升级和区域经济的协调发展受制于城镇化发展水平。另外，尽管中国中西部地区发展速度大大加快，但仍然低于东部地区发展速度，东西地区间绝对差距不断拉大。

（3）经济增长方式粗放。中国经济增长仍然是低水平的增长，经济快速增长过程会消耗大量原材料，经济发展与资源环境矛盾重重。2008年中国单位 GDP 能耗是美国的 4.3 倍、法国的 4.5 倍、德国的 5.1 倍和日本的 8.1 倍,[①] 环境资源压力巨大。

## 二、收入分配差距大

居民收入分配差距大,主要表现在以下三个方面:

(1) 初次分配中劳动报酬比例过低。1997~2007 年,劳动报酬占 GDP 的比重下降了近 14%,降至 39.74%。

(2) 垄断行业收入过高。中国垄断行业主要分为以军工、电信、烟草、金融为代表的行政垄断行业和以石油、电力为代表的资源能源垄断行业。垄断行业员工薪酬水平远远高于全国平均水平。2011 年,人力资源和社会保障部一份研究报告指出,中国行业收入差距已经扩大至 4.2 倍。中国平均薪酬水平最高的行业是金融行业,2010 年金融行业员工平均工资达到 70 146 元,比全国平均水平高出近 5.8 倍。

(3) 城乡、地区间收入差距也在不断扩大。收入分配不公、收入差距扩大挫伤了低收入群体的工作积极性,造成了大量效率损失,更威胁着社会的和谐。

## 三、地区发展不平衡

中国地域辽阔,资源分布不均,地区经济发展呈现出明显的不平衡特征。

(1) 东、中、西和东北地区发展差距依然存在。根据《中国统计年鉴 2011》,2010 年,东部地区 GDP 和占全国比重分别为 232 030.7 亿元和 53.1%;中部地区 GDP 和占全国比重分别为 86 109.4 亿元和 19.7%;西部地区 GDP 和占全国比重分别为 81 408.5 亿元和 18.6%;东北地区 GDP 和占全国比重分别为 37 493.5 亿元和 8.6%。此外,2010 年东部地区人均

---

① 中国改革论坛(www.chinareform.org.cn):《我国经济结构的现状、问题和对策》,2011 年 8 月 9 日。

GDP 为 46 354 元，西部地区人均 GDP 为 22 476 元，西部人均 GDP 不及东部的一半。这说明东部地区经济规模大、增长速度快，而西部地区发展明显滞后。

（2）省际发展差异较大。2011 年，GDP 最高的广东为最低的西藏的 86.9 倍。人均 GDP 最高的天津为 84 337 元，为排名最低的贵州的 5.4 倍。表明不同省份间的经济总量和人均 GDP 差距较大。

（3）城乡发展差距明显。中国城乡之间在收入、教育、消费、就业、社会保障等方面都存在较大的差距。如 2011 年中国城乡收入之比为 3.13∶1，农村居民收入规模和增长速度都远远落后于城市居民。城镇居民受教育程度远远高于农村，农村教育基础设施和师资力量与城市相比都有很大的差距，农村教育升学率明显偏低，甚至有些地区还没有普及九年义务教育。

## 四、人力资本开发滞后

新经济增长理论认为，人力资本的积累是一个国家经济持续增长的源泉。人力资本存量越高的国家和地区，其经济发展速度越快。中国已经认识到人力资本的重要性，加大了对人力资本的投资，但当前中国人力资本开发仍然滞后。首先，中国劳动力素质不高，高中以上学历人群比重较低。其次，中国人力资本投资仍然不足。2009 年国家财政性教育经费占 GDP 的比重为 3.59%，低于 4.5% 的世界平均水平。而美国的人均公共教育支出为中国的 63.9 倍。最后，人力资本利用效率偏低、人力资本流失严重。

下面以研究与开发经费支出占 GDP 比重的国际比较、教育经费支出占 GDP 比重的国际比较为例进行说明。从表 5-5 可以看出，中国与世界发达国家和中等收入国家相比，研究与开发经费支出占 GDP 的比重最低；从表 5-6 也可发现，中国与世界发达国家和中等收入国家相比，教育经费支出占 GDP 的比重也是最低。这两项指标反映出中国的人力资本开发的严重滞后。

表5-5　　　　　研究与开发经费支出占GDP比重的国际比较　　　　单位:%

| 国家 | 研究与开发经费支出占国内生产总值比重 | |
|---|---|---|
| | 2000年 | 2007年 |
| 世界 | 2.15 | 2.21 |
| 高收入国家 | 2.44 | 2.45 |
| 中等收入国家 | 0.65 | — |
| 中国 | 0.9 | 1.49 |
| 美国 | 2.75 | 2.67 |
| 英国 | 1.86 | 1.84 |
| 德国 | 2.45 | 2.56 |
| 法国 | 2.15 | 2.10 |
| 日本 | 3.04 | 3.44 |
| 韩国 | 2.39 | 3.47 |
| 俄罗斯 | 1.05 | 1.12 |
| 印度 | 0.77 | 0.8 |
| 巴西 | 0.94 | — |

资料来源：笔者根据《国际统计年鉴2011》数据整理。

表5-6　　　　　教育经费支出占GDP比重的国际比较　　　　单位:%

| 国家 | 教育经费支出占国内生产总值比重 | |
|---|---|---|
| | 2000年 | 2007年 |
| 世界 | 4.17 | 4.53 |
| 高收入国家 | 5.00 | 5.00 |
| 中等收入国家 | 4.09 | 4.09 |
| 中国 | — | 2.85、3.13（2009） |
| 美国 | — | 5.54 |
| 英国 | 4.60 | 5.56 |
| 德国 | 4.46 | — |
| 法国 | 5.67 | — |
| 日本 | 3.67 | 3.45 |
| 韩国 | — | 4.21 |
| 俄罗斯 | 2.94 | 3.10 |
| 印度 | 4.40 | — |
| 巴西 | 4.02 | 5.21 |

资料来源：笔者根据《国际统计年鉴2011》数据整理。

## 五、自主创新能力不足

创新是一个民族的灵魂,是一个国家兴旺发达的不竭动力。中国自主创新能力虽然已取得长足进步,但仍然十分薄弱,主要表现在以下五个方面。

一是科研经费投入低,中国科研经费投入与GDP的比值远低于世界许多国家和地区。二是国内有效发明专利数量少,拥有的海外专利发明数量不足。2010年年底,中国每万人拥有发明专利1.7件,而同期美国、日本和韩国分别为32.9件、98.3件和191.9件。三是关键技术自给率低,对外技术依存度达高,达到了50%以上,发达国家都在30%以下,美国、日本则仅为5%左右。四是原始创新能力不足,原创性成果较少,高层次创新人才严重缺乏,科技队伍整体创新能力比较低。五是企业还没有真正成为有竞争力的技术创新主体。多数企业没有形成自己的核心技术能力,创新的组织机制也不完善。

## 第3节 现阶段中国减贫面临的挑战

现阶段,中国减贫工作面临新的挑战和困难:新标准下的扶贫对象明显增多;新形势下的主要战场基础薄弱;新目标下的重点任务繁重艰巨;新战略下的扶贫机制亟待完善。

### 一、新标准下的扶贫对象明显增多

根据经济社会发展的实际适时提高扶贫标准是国际惯例。目前有88个发展中国家有扶贫标准,过去20年中,有35个国家调整过自己的扶贫标准。1986年中国制定了206元的贫困标准;2000年适用625元的绝对贫困标准和865元的低收入标准双轨制;2008年将贫困标准和低收入标准合并,统一使用1 067元作为扶贫标准;随着消费价格指数等相关因素的变化，2010年扶贫标准进一步调整到1 274元；2011年国家研究制定了新的2 300元的农村扶贫标准。中国制定新的农村扶贫标准的基本考虑是：

（1）提高扶贫标准，有利于巩固温饱成果和覆盖更多扶贫对象，是新阶段扶贫开发向更高目标迈进的必然要求，是综合国力提升的重要体现，是社会进步的显著标志。表明了国家关注民生，缩小城乡和区域发展差距的决心。

（2）新标准与到2020年稳定实现扶贫对象"两不愁、三保障"的奋斗目标相适应，不仅考虑基本生存的需要，也要兼顾部分发展的需要。同时与"低保维持生存，扶贫促进发展"的工作定位相适应。在农村全面建立最低生活保障制度之后，制定扶贫标准的方法发生了重大改变。维持基本生存是低保的任务，低保标准就是按各地不同的基本生活费用支出、恩格尔系数等指标来制定。扶贫促进发展，要更多考虑收入的相对水平和发展需要，因而农村扶贫标准要高于农村低保标准。

（3）新标准兼顾区域发展的不平衡。中国地区发展不平衡的矛盾比较突出，收入最高的省与最低的省相差4.08倍，这是制定统一标准面临的难题。因此，鼓励各省制定符合当地实际的地方标准。2011年分省确定的扶贫标准与本省2010年农民人均纯收入比例的区间为24.4%~67.2%。按简单平均法计算，全国农村扶贫标准的平均值约为2 654元，西部地区平均值为2 305元，中部地区平均值为2 435元，东部地区平均值为3 364元。

（4）新标准趋向与国际社会的标准接轨。世界银行发展经济学研究局专门负责全球贫困测量的陈少华博士认为，按照2005年购买力平价美元测算，中国新的扶贫标准相当于1.8美元/天，远超过1.25美元/天的世行推荐标准，已经接近于中低收入国家贫困线的中位线。

按照2 300元（2010年不变价）新标准，2010年年底中国农村有1.66亿低收入贫困人口，农村贫困发生率为17.2%。无论从绝对数量还是从占比来衡量，都是一个不小的数值。而这两个数值所对应的物质、文化、社会建设需求，不仅规模巨大，而且实现难度巨大。

## 二、新形势下的主要战场基础薄弱

新《纲要》按照"集中连片、突出重点、全国统筹、区划完整"的原则,以 2007~2009 年 3 年的人均县域国内生产总值、人均县域财政一般预算性收入、县域农民人均纯收入等与贫困程度高度相关的指标为标准,这 3 项指标均低于同期西部平均水平的县(市、区),以及自然地理相连、气候环境相似、传统产业相同、文化习俗相通、致贫因素相近的县划进连片特困地区。在划分过程中,对少数民族县、革命老区县和边境县采用了增加权重的办法予以倾斜照顾。全国共确定了 11 个连片特困地区,加上已经实施特殊扶持政策的西藏、四省藏区、新疆南疆三地州,共 14 个片区,构成新阶段扶贫攻坚的主战场。对于未进入片区的重点县,国家原定支持政策不变。根据新《纲要》的部署,国家对 14 个片区分期分批编制区域发展与扶贫攻坚相结合规划,在基础设施、民生改善、产业发展、生态建设等方面加大支持力度,中央财政专项扶贫资金的新增部分将主要用于片区。各部门也向片区倾斜,着力解决制约发展的瓶颈问题,促进基本公共服务均等化,从根本上改变这些地区的落后面貌。

14 个特殊片区自然地理、历史进程、民族文化、生态环境、经济区位各不相同,减贫发展的基础、条件和具体任务也各异,需要区别情况、因地制宜、分别施策。同时,作为连片贫困地区,也表现出一些显著的共性特点:区域性分布、民族性指向、边缘化发展和封闭性循环,发展基础薄弱。

(1) 14 个片区在空间布局上有着显著的地理空间重叠特性。主要表现为贫困地区与生态脆弱地区的高度叠加性、与资源富集地区的高度叠加性、与少数民族地区的高度叠加性、与边境地区的高度叠加性以及与革命老区的高度叠加性。从人类经济活动与自然地理的关系来看,自然禀赋在很大程度上影响着生产布局,也影响着经济活动的生产水平。从贫困的致因及其分布上说,有些自然因素甚至起着显著作用。[1]

(2) 14 个片区贫困人口有着显著的民族特征。14 个贫困片区 680 个

---

[1] 16 世纪法国政治理论家和历史学家让·博丹在其《国家论》中首次提出了"地理环境决定论"。俄国哲学家普列汉诺夫认为自然禀赋对社会发展的不同时期作用不同:"社会人和地理环境之间的相互关系,是出乎寻常的变化多端,人的生产力在它的发展中每进一步,这个关系就变化一次。因此,地理环境对社会人的影响在不同生产力水平发展阶段中产生着不同的结果"。参见《普列汉诺夫哲学著作选集》(第二卷),人民出版社 1962 年版第 170 页。

县中，有民族自治地方的县 371 个，占比达到 54.6%。相比较而言，民族贫困成因复杂，除去自然和经济等因素外，常常还夹杂着民族因素、宗教因素，解决这些地区的减贫发展问题，任务更为艰巨。

（3）14 个片区经济社会发展边缘化。在全国发展格局中，在省（区、市）发展格局中，受制于各种因素制约，处于经济社会发展的边缘位置。其中一些片区和县，本身就地处边境地区，远离全国和区域发展中心。

（4）14 个片区经济社会发展表现出相对封闭性结构特征。特殊片区的贫困人口社会活动空间狭窄，经年累月处于封闭环境，形成保守、愚昧、固守传统、不思脱贫等贫困文化。这种结构性自我封闭状态，阻碍了外部资源和科学技术的有效辐射，导致经济发展缓慢。因此，把特殊片区作为减贫的重点，必须着力打破这种封闭性结构，尤其要加快区域性重要基础设施建设步伐，加强生态建设和环境保护，着力解决制约发展的瓶颈问题，促进基本公共服务均等化，促使贫困片区成为一个开放性系统，融入全国经济社会发展的大系统中。

## 三、新目标下的重点任务繁重艰巨

新《纲要》明确新十年扶贫的总体目标：稳定实现扶贫对象不愁吃、不愁穿，保障其义务教育、基本医疗和住房（简称为"两不愁，三保障"）。贫困地区农民人均纯收入增长幅度高于全国平均水平，基本公共服务主要领域指标接近全国平均水平，扭转发展差距扩大趋势。围绕这个总体目标，减贫工作的重点任务有四大项：满足贫困人口的基本生产生活需要；努力增加贫困人口收入；保障贫困地区基本公共服务均等化；加强扶持特殊人群。

**1. 满足贫困人口基本生产生活需要**

在基本解决贫困人口温饱问题之后，应以提供基本的生产生活保障为优先，其中拥有适当住房和健康饮水是《世界人权宣言》中的适当生活标准权利。中国农村贫困监测数据和有关行业部门监测数据显示，农村贫困人口部分基本生产生活需要仍未得到满足，比较突出地表现为一些地方和部分群众缺少清洁卫生用水、缺少抗震安居住房，一些贫困自然村群众出行交通不便、通讯和电力等基础设施不足、公共卫生安全保障不足（如表5-7所示）。这些问题应成为新阶段农村减贫的优先解决项。

清洁饮水是人健康生存的必要前提。在生存环境极度恶劣的贫困地区，饮水安全问题并没有彻底解决，加上卫生设施不足引起的健康问题更是削弱了生产力，使得贫困家庭陷入恶性循环。并且，在缺水地区，儿童妇女负担挑水，会对女性的就业权利和儿童的受教育权利提出挑战。因此，饮水问题需要政府实施农村改水工程，在政策上给贫困地区更多的补偿，这对于减轻贫困人口的经济负担、提高人口素质和健康水平，最终实现减贫目标具有重要作用。此外，贫困村特别是贫困自然村交通、通信、电力、水利等基础设施建设，是贫困乡村改变落后面貌的重要建设内容。

表5-7　　　2010年国家扶贫开发工作重点县基础设施建设不足情况

| 分类 | 规模（%） |
| --- | --- |
| 取得饮用水困难的农户比例 | 8.9 |
| 贫困村中饮水困难的农户比例 | 9.9 |
| 饮用水水源有污染的农户比例 | 5.1 |
| 贫困村中取得燃料困难的农户比例 | 34.4 |
| 无厕所的农户比例 | 11.6 |
| 贫困村无厕所的农户比例 | 15.5 |
| 不通公路的自然村比例 | 11.9 |
| 不通公路的行政村比例 | 0.5 |
| 不通公路的贫困村比例 | 13.7 |
| 不通电的自然村比例 | 2 |
| 不通电的行政村比例 | 1.2 |
| 不通电的贫困村比例 | 2.9 |
| 贫困村中不通电农户的比例 | 2.8 |
| 贫困村中没有取暖设备农户的比例 | 43.6 |
| 不通电话的自然村比例 | 7.1 |
| 不通电话的行政村比例 | 1.6 |
| 不通电话的贫困村比例 | 9 |
| 不能接收电视节目的自然村比例 | 4.4 |
| 不能接收电视节目的行政村比例 | 1.7 |
| 不能接收电视节目的贫困村比例 | 5 |

资料来源：笔者根据中国国家统计局《农村贫困监测资料2010》数据整理。

**2. 努力增加贫困人口收入**

物质贫困或收入贫困是贫困的直接表征和成因，增加收入是减贫的直接手段。贫困经济学理论较深入地分析了经济增长、收入分配和贫困三者之间的关系，各国据此在减贫实践中进行政策运用。首先强调促进经济增长，因为经济增长具有很强的溢出效应。经济增长将会带来技术进步，从而提高劳动生产率，增加劳动报酬；经济增长还可使得教育水平提高、医疗卫生条件改善，从而增强劳动者的人力资本，提高劳动者参与市场活动的能力，这些都将间接地促进农村居民收入增加，从而促进减贫。减贫的重点是促进贫困地区经济发展，提高贫困人口的收入水平。在经济增长过程中，国家可以辅助以相应的财税政策调整，让贫困地区和贫困人口在收入初次分配以及再分配中得到适当的倾斜。

要提高贫困地区和贫困人口的收入，可以通过产业化扶贫，增强贫困人口的自我发展能力，推进贫困地区资源禀赋的资产化。但是必须清醒地认识到，增加贫困地区和贫困人口收入的难度在加大，无论从宏观经济周期、贫困地区经济区位条件、贫困人口自身素质和能力分析，还是从国家对贫困地区和贫困人口的优惠政策拓展空间分析，贫困地区和贫困人口进一步增收的难度都在逐步加大。

**3. 保障贫困地区基本公共服务均等化**

基本公共服务旨在保障全体公民特别是低收入群众生存发展的基本需求，是公共服务中最基础、最重要的部分。从中国国情出发，基本公共均等化的内容主要包括：一是基本民生性服务（就业服务、社会救助、养老保障）；二是公共事业性服务（公共教育、公共卫生、公共文化）；三是公益基础性服务（公共设施、生态维护、环境保护）；四是公共安全性服务（社会治安、生产安全、消费安全、国防安全）。基本性、阶段性、均等性和适应性是基本公共服务的四大特点。基本性是指基本公共服务作为促进社会公平正义的重要手段，政府应该在提升全社会公共服务的整体水平上发挥托底作用，保证最基本的公共服务供应；阶段性是指基本公共服务均等化是一个动态的概念，服务水平应与经济社会状况相适应，并随着社会的发展逐渐提高；均等性是指享受基本公共服务机会的公平性，及适当地向贫困人口、贫困地区倾斜，并不是绝对的平均主义；适应性是指基本公共服务的最低水平应该与当地的基本服务需求相适应，在全国基本公共服务均等化的推进和政策设计中要考虑地区差异，对于基础条件差的贫困地区给予倾斜。

基本公共服务均等化在贫困地区的实现程度，直接关系到贫困人口的生存与发展，关系到减贫进程。以基本医疗为例，2003年第三次全国卫生服务调查发现，疾病已是农民致贫的首要因素，大约1/3的农村贫困人口都是因病所致。而在1998年进行的第二次全国卫生服务调查发现，疾病只是排在第三位。在医疗卫生、发病率与贫困发生率相关联的条件下，基本医疗服务可以提高人群的身体素质，并且巩固前一阶段的减贫成果，防止脱贫人口的返贫。在西部贫困地区的调查显示，青年人接受教育的成本和机会成本是导致家庭贫困的重要原因，教育资源的匮乏以及恶劣的自然条件，致使贫困地区的教育质量与经济较发达地区相比还有很大差距。

目前，贫困地区基本公共服务存在两个问题：总量不足（如表5-8所示）和结构失衡。基本公共服务供给总量不足和结构失衡也是贫困积累和贫困代际传递的重要原因。把基本公共服务作为现阶段减贫工作的重点，可以从两个角度来加强：一是完善基本公共服务均等化政策框架；二是完善基本公共服务均等化运行机制。首先从基本公共服务均等化框架出发，结合国家的扶贫战略和政策，调整减贫工作的内容对象重点以及工作方式。在基本公共服务均等化框架下，减贫的重点是要惠及还未获得温饱的人群，以及防止刚脱离贫困线的人群返贫；不仅要关注当下的贫困人口，也要关注下一代，用动态的策略来解决这一长期性的问题。从机制设计的角度来看，基本公共服务均等化可以实现减贫机制长效化，因为其通过提高人的发展能力，给予贫困人群同等的发展机会，并且最大程度地减少返贫率，是系统解决贫困问题的一个方案。

表5-8　　　　2010年国家扶贫开发工作重点县公共服务不足情况

| 分类 | 规模（%） |
| --- | --- |
| 义务教育阶段儿童失学率 | 2.3 |
| 有病不能及时就医的人口比例 | 8.6 |
| 贫困村中有病不能及时就医的农户比例 | 10.1 |
| 没有受过技能培训的劳动力比例（男性） | 77.9 |

续表

| 分类 | 规模（%） |
| --- | --- |
| 没有受过技能培训的劳动力比例（女性） | 88.4 |
| 劳动力文盲率（男性） | 5.5 |
| 劳动力文盲率（女性） | 15.7 |
| 没有幼儿园/学前班的贫困村比例 | 49.9 |
| 没有卫生室的贫困村占调查村的比例 | 19.8 |
| 没有合格乡村医生/卫生员的贫困村比例 | 21.4 |
| 没有合格接生员的贫困村比例 | 24.7 |
| 没有举办过专业技术培训的贫困村比例 | 55.6 |
| 贫困村少数民族不会汉语的人口比例 | 26.8 |

资料来源：笔者根据国家统计局《农村贫困监测资料 2010》数据整理。

**4. 加强扶持特殊人群**

特殊群体包括老人、妇女、儿童、残疾人、失地农民、城市农民工和农村留守人群等。他们在现代社会竞争中处于弱势，在公共舆论中缺少话语权。特殊群体的利益很容易被现代社会的发展所掩盖，减贫关注特殊群体体现了现代文明的进步。他们的贫困，表现为物质贫困、能力贫困和权利贫困并存。解决这部分群体的贫困问题，是难中之难、重中之重。

（1）老年人是贫困率较高的群体，伴随着人口的老龄化，老年人口的规模在不断扩大。由于农村社会养老保险和医疗保障的不完善，农村老年人口的贫困问题逐渐严重。根据《中国老龄事业发展"十二五"规划》，从 2011 年到 2015 年，全国 60 岁以上老年人将由 1.78 亿增加到 2.21 亿，平均每年增加老年人 860 万；老年人口比重将由 13.3% 增加到 16%，平均每年递增 0.54 个百分点。老龄化进程与家庭小型化、空巢化相伴随，与经济社会转型期的矛盾相交织，社会养老保障和养老服务的需求将急剧增加。如何充分利用当前经济社会平稳较快发展和社会抚养成本较低的有利时机，着力解决老龄工作领域的突出矛盾和问题，从物质、精神、服务、政策、制度和体制机制等方面打好基础，给老年人特别是生活困难老年人以社会关怀，是重大挑战，也是对社会包容度的检验。

（2）妇女群体与男性相比更容易受到贫穷伤害。在传统保守观念强烈的地区，妇女缺少社会地位，缺少教育机会，一般从事低回报的农田劳动,承担的家庭经济负担较重。这严重削弱了妇女在贫困地区经济发展中的应有作用,也给其家庭脱贫带来了不利的影响。减贫需要重点关注和解决妇女参与发展的社会环境问题、妇女地位不平等问题、阻碍提高妇女劳动生产率问题。

(3) 儿童减贫关系到贫困的代际传递。针对儿童减贫的制度性安排是减贫工作的重中之重。儿童贫困与成人贫困之间有着很大的区别,儿童贫困往往是一种先天的、由其家庭原因造成的贫困。为了减轻贫困对儿童的伤害,应对最困难的和有生存问题的儿童进行救助,提供最基本的福利安排、教育及医疗服务。

(4) 贫困残疾人是农村扶贫工作的重点人群。根据新的残疾人扶贫纲要,目前中国农村仍有 2 000 万以上的贫困残疾人。由于残疾影响、受教育程度偏低、缺乏技能、机会不均等、扶贫资金投入不足等原因,残疾人仍是贫困人口中贫困程度最重、扶持难度最大、返贫率最高、所占比例较大的特困群体。加大农村残疾人扶贫开发力度,缓解并逐步消除残疾人绝对贫困现象,缩小残疾人生活水平与社会平均水平的差距,是贯彻落实科学发展观的迫切需要,是全面建设小康社会、实现全体人民共同富裕的必然要求,也是促进社会公平、构建社会主义和谐社会的重要内容。

(5) 失地农民是一个特殊的群体。之所以把失地农民作为现阶段减贫工作的重点,是因为失地农民规模的扩大是现阶段经济快速发展的产物,在其把用于维持生计的征地补偿款用完之后,失地农民很容易陷入贫困。失地农民的贫困是中国社会结构调整、城市化进程中不和谐的现象,他们生活在城市却很难融入城市,容易形成被剥夺和被边缘化的感觉,这种情绪也容易滋生报复性的违法犯罪行为。因此,失地农民应当作为现阶段减贫工作的重点对象,这关系到社会的和谐与国家的长治久安。

(6) 城市农民工和相关联的留守家庭成员问题。对进城农民工,既要解决就业权益维护、融入城市并享受基本服务等问题,也要注意保护其基本的土地财产权益。对农村家庭留守人员,根据所属老人、妇女和儿童等不同群体的特点和需求,既要解决其生产生活困难问题,也要给予其心理关怀。

## 四、新战略下的扶贫机制亟待完善

新时期的扶贫已经上升到国家战略,减贫已成为发展要义。国家既要抓好发达地区的增长极建设,也要抓好欠发达地区的增长极建设,体现出"抓两头、带中间"的方法,体现了"均衡发展战略"。在新的发展战略下,如何继续完善扶贫开发机制,是重要任务,也是重要挑战。

**1. 完善内生增长机制**

贫困地区经济社会发展缓慢,根本原因在于缺乏发展的内生增长机制。进一步探究贫困地区为何长期以来难以形成自身发展的内生增长机制可以发现,首先是贫困地区发展大多在简单地重复发达地区的路径,照搬现成的模式和经验,不考虑自身的发展基础和条件,没有发挥比较优势。其次,"重物轻人"是中国农村扶贫长期存在的不足。只重视解决物质贫困,忽视解决能力贫困和权利贫困;只重视和强调物质资本建设,忽视人力资本和社会资本建设。这从财政扶贫资金的投向结构上可以得到证实,大部分资金投向了基础设施建设和产业开发,只有少部分资金直接安排到提高贫困人口素质和技能的培训项目上,全国直接"投资于人"的培训资金占财政扶贫资金的比例近年来在4%~10%间变动。因此,贫困地区的发展缺乏内生动力,缺乏可持续性。

解决办法在于两个方面。一是把贫困地区的发展纳入国家和地区主体功能区规划中,做到发展既遵循经济规律,又遵循自然规律。依据主体功能区规划,找准自身发展的比较优势,因地制宜确定发展思路。二是坚持以人为本的理念,更多地关注穷人的素质和能力、精神和观念,更多地赋予及维护穷人参与权、决策权、管理权与监督权,尊重穷人的主体地位和创造精神。

**2. 完善对象瞄准机制**

目标瞄准偏离是中国农村扶贫至今未彻底解决的一个问题,并且这种偏离具有多层次性。首先,贫困群体识别存在偏离。尽管村级瞄准相对于县级瞄准已经提高了瞄准的精度,但是由于缺乏统一的全国村级统计资料、简单易操作的识别方法和贫困人口识别的监督机制,仍然有贫困人口被排除在扶贫范围外。其次，具体扶贫项目偏离目标对象，而且偏离的主要形式是非贫困农户挤出贫困农户。因此，扶贫工作中的目标瞄准偏离已经不是一个道德范畴的问题，而是一项制度性缺陷。现行的扶贫制度缺乏一种自我纠偏机制，扶贫资源在很大程度上成为一种稀缺资源，扶贫资金成为各省、县、村、户之间相互竞争的产品，在这种多方博弈的过程中，失败的总是弱势群体。在新阶段，需要找到减贫自动瞄准机制和自我纠偏机制。当前，中国提出精准扶贫与区域开发相结合的减贫战略。精准扶贫的基础是进一步提高贫困户和贫困村的识别精度。

**3. 完善资金管理机制**

首先，要完善财政扶贫资金管理机制。一方面，财政扶贫资金供需不平衡。虽然中央财政扶贫资金投入逐年增加，但与减贫的实际需求相差甚远。同时扶贫资金在整个财政支出体系中的比重呈现下降趋势。根据相关评估，投入不足已经成为影响扶贫绩效的重要因素。另一方面，扶贫资金在传递过程中存在低效率、渗漏和偏离目标等问题。由于缺少贫困群体的参与管理和监督，并不是所有的扶贫资金都能够按照规定进行使用，贫困人口属于弱势群体，没有条件去维护自身的合法权益，这也是财政扶贫资金支持不足的又一表现。此外，财政扶贫资金的杠杆效应发挥不足，未能撬动更多的金融资本和社会资本参与扶贫开发。在新的阶段，应建立财政扶贫资金稳定增长机制、与通胀指数挂钩机制；应赋予和保障贫困人群的资金管理使用权和监督权；应探索财政资金与金融资本、社会资本相结合的使用方式，建立产业发展基金，发挥出"种子基金"的作用。

其次，要完善金融扶贫资金管理机制。目前，专门针对贫困地区的金融扶贫主要有扶贫贴息贷款、小额贷款扶贫、贫困村互助资金和扶贫金融项目。扶贫贴息贷款是国家一项重要的扶贫开发政策。特别是2008年全面改革了扶贫贴息贷款管理体制，下放扶贫贷款及贴息管理权限，调动了地方和各承办银行的积极性，发放额度大幅增加。小额信贷作为一种有效的扶贫手段，自20世纪90年代初引入以来，在中国得到了较为广泛的推广，参与机构不断增加，模式不断完善，产品和服务不断创新，覆盖范围不断拓展。贫困村互助资金试点取得成效，应及时总结经验分类指导发展。同时，扶贫系统与中国农业发展银行、国家开发银行、农村信用合作社等金融机构开展了扶贫金融合作,这在一定程度上缓解了贫困地区产业和企业发展金融服务体制瓶颈制约问题。但制约贫困地区金融扶贫的因素还很多,突出的矛盾表现在:一是贫困地区为资金净流出地区;二是贫困农户贷款难。问题根源在于现行金融扶贫的制度缺陷。

要解决上述问题,根本出路在于金融扶贫制度和机制创新,用中国办法破解世界难题,用特惠金融促进扶贫开发。第一,继续推进扶贫到户贷款贴息方式的改革,在中央财政贴息资金管理权限下放到省的基础上,进一步把管理权限下放到县,由县把贴息资金直接补贴给贷款的贫困农户或发放贷款的金融机构。第二,重新构建中国的小额信贷制度,吸收和运用国际社会关于小额信贷制度设计的精髓①,而不仅仅是学习技术操作手段,将小额信贷发展成为真正的、特惠的、安全的、可持续的信用贷款,发展成为给贫困农户提供制度化信贷服务的工具。第三,创新货币政策,设立扶贫再贷款,运用再贷款政策激励金融机构加大对贫困地区的信贷投放。第四,进一步开放农村金融市场,引入民间资本,在贫困地区适度加快发展村镇银行、扶贫互助小额贷款公司,为贫困农户提供更有针对性的金融产品和更规范的金融服务。

**4. 完善资源整合机制**

整合资源可以形成扶贫合力,提高扶贫效益,但整合扶贫资源难度很大,原因在于:一是现有各项扶贫资金分配、使用和管理的政策、制度部分存在冲突;二是扶贫工作条条块块之间缺乏有效的分工与配合机制;三是自上而下不同管理层级对资源整合的积极性并不一致。

完善资源整合机制,需要从以下方面同时努力:首先,整合政府各有关部门掌握的资源;其次,实现政府资源与社会资源的整合;再其次,重点抓住资源汇聚的行政辖区(县域),在汇集地(县域)促进整合;最后,把握好资源整合的步骤和节奏。

---

① 据世界银行估计,发展中国家现有 7 000 多家小额信贷机构,为 1 600 万穷人提供信贷服务,全球小额信贷周转资金估计在 25 亿美元左右。其特点是:(1)建立独立的组织系统与经营机构,国家干预极少甚至于不干预;(2)农户之间成立自助组织是小额信贷成功的关键;(3)采取分期还款制度,期限不长于半个月,且利息可以自由浮动;(4)以贫困妇女为主要扶持对象(如孟加拉国的 GB);(5)配合金融制度创新,放开金融市场,鼓励市场竞争。参见王国良:《中国扶贫政策——趋势与挑战》,社会科学文献出版社 2005 年版,第 308 页。

### 5. 完善绩效考核机制

绩效考评是促进提高减贫成效的重要手段。在前一个扶贫《纲要》实施期间，国务院扶贫办和财政部开始探索建立扶贫绩效考核机制。从实施情况看，这项工作仅算作起步，还存在一些不足：一是考核指标体系不科学、不完善，指标内容和权重不能全面反映扶贫政策导向；二是考核制度不完善，各省（区、市）自行填写考评表，难免存在文过饰非之处；三是考核执行主体不独立，没有引进独立的第三方；四是对考核结果的运用重视不够，激励约束力度偏小。

相应的解决办法是：完善考评指标体系，体现指标的政策导向功能；引进第三方进行考评，保证考评的独立性和公平性；重视绩效考评结果的运用，加大正向激励的力度。

# 第6章

# 中国减贫的发展战略

本章针对减贫发展面临的各种挑战,按照战略—目标—路径的范式,依次提出当前和今后一个时期中国减贫的三大发展战略,即可持续发展(战略)—物质资本建设(目标)—转变经济发展方式(路径);创新发展(战略)—人力资本建设(目标)—开发人力资源(路径);包容发展(战略)—社会资本建设(目标)—促进社会公共(路径)。同时,探讨分析了不同发展战略的减贫机理。

## 第1节 可持续发展与减贫

### 一、战略内涵:可持续发展

可持续发展是指既满足当代人的需要,又不损害后代人满足其需要的发展。[①] 可持续发展追求以下目标:

**1. 发展的公平性**

强调当代人之间及当代人与后代人之间在资源分配及利用上的公平性。目前全球贫富悬殊、两极分化的状况是不可持续的发

---

① 1992年联合国环境与发展大会通过的《21世纪议程》等文件明确提出这一定义。

展，发达国家优先利用了地球上的资源，剥夺了发展中国家公平利用地球资源促进经济发展的机会。因此，要把消除贫困作为可持续发展的最优先考虑的事项，以确保世世代代的人们具有公平的发展权。

**2. 发展的持续性**

强调要以生物圈的承受能力为限度，不能以牺牲环境为代价去换取当前的发展。如果现在的发展破坏了人类生存的物质基础，发展就难以持续下去。

**3. 发展的要素性**

可持续发展包含两个基本要素："需要"和对需要的"限制"。满足需要，首先是要满足贫困人群的基本需要。对需要的限制，主要是指对环境构成危害的限制，这种危害可能危及支持地球生命的自然系统，如大气、水体、土壤和生物。

**4. 发展的效率性**

发展应该讲究效率，不能一味地追求产出而不考虑资源的投入。特别是对中国而言，用占世界1/15的土地养育着世界1/5的人口，要满足群众物质文化需要必须提高生产效率。

可持续发展战略是指改善和保护人类生活及其生态系统的计划和行为过程，是多个领域发展战略的总称。可持续发展战略可以是国际性的、区域的、国家的或地方的可持续发展战略，也可以是某个部门或多个部门的可持续发展战略。一个国家的可持续发展战略应当是为实现经济、社会、生态和人口协调发展而制定的国家政策、计划或行动方案。该战略的可持续性主要体现在以下方面：一是着眼于未来，不能因为眼前发展牺牲今后更大的利益，不能因为当代人的发展而对后代人的发展产生不利影响；二是战略的整体性，它既通过生产方式的改变提高生产效率、减少能源和原材料消耗，又通过科技进步和提高劳动者的素质，不断改善发展质量；三是以人为中心，"人类处于普遍受关注的可持续发展问题的中心。他们应享有以与自然相和谐的方式过健康而富有生产成果的生活的权利"[①]。可持续发展中的人，既是指人类整体，又是指每一个人；既是指当代人，又是指后代人。

---

① 1992年6月14日联合国环境与发展会议通过的《里约环境与发展宣言》的第一条原则。

## 二、目标取向：物质资本生产

在传统产业经济中，物质资本生产①占据主导地位。如今，企业的组织形式取决于物质资本和人力资本的联合方式，物质资本表现出较强的边际报酬递减趋势，而人力资本则表现出较强的边际报酬递增趋势。无论生产组织形式怎样变化，无论资本的价值怎样变动，物质资本都是一国最重要的财富基础。世界各国都重视物质资本生产，并将其作为可持续发展战略的首要目标取向。

对发展中国家而言，物质资本建设意义重大。

（1）发展中国家的发展目标首先是夯实物质基础，以满足国民不断增长和变化的基本物质需要。

（2）相对于人力资本要素和技术要素而言，发展中国家的物质资本回报率较高，对国民经济增长的贡献率较大。要素生产率原理揭示：假定其他生产要素不变，随着某一种生产要素持续的投入，其边际生产率的变动呈现出递增—不变—递减三个阶段性变化。也就是说，在其他条件不变的情况下，某一生产要素相对于其他生产要素越是稀缺，其边际生产率越高。发展中国家劳动力充裕，物质资本的边际生产率的变动尚处于上述三个阶段中的第一个阶段，因而其边际生产率递增。同时，在发展中国家，技术进步比较缓慢，对收入增长的贡献率偏低。发展中国家要想提高就业率、提高要素生产率、促进经济发展、减少贫困人口数量，主要依靠加快物质资本的积累，并增加物质资本投入。

（3）发展中国家的扩大再生产和可持续发展离不开物质资本的积累循环和再创造。因此要重视处理物质资本生产的总量和结构的关系，处理生产与分配的关系，处理消费和积累的关系。

## 三、实现路径：转变生产方式

传统发展方式已经严重影响到物质资本生产的稳定性和可持续性，必

---

① 指长期存在的生产物资形式，如机器设备、厂房、建筑物、交通运输设施等。

须加快转变经济发展方式。转变发展方式的主要任务有：

**1. 转变消费模式，刺激国内需求**

消费、投资、出口是中国经济发展的"三驾马车"。长期以来，中国对外贸易依存度超出50%，如此高的对外贸易依存度使中国经济增长受出口的影响过大，也就是说中国经济可持续增长依赖于主要贸易伙伴的经济可持续增长，这成为中国经济的"软肋"。中国经济要实现健康可持续的发展，在投资已经相对饱和的情况下必须刺激内需。然而，中国居民消费不足除了受到收入差距扩大、社会体制不健全等条件约束外，还受到消费结构不合理、消费模式落后及各种政策性限制的影响。为刺激内需，一方面应该建立健全社会体制，逐步缩小城乡差距、地区差距，改善中低收入者的收入水平；另一方面还应推进消费模式的转变，挖掘中国农村市场巨大的消费潜力，如研究制定合理的消费税等。

**2. 鼓励自主创新，推动产业升级**

通过自主创新可以研发出先进的技术装备，进而推动产业升级，提高生产效率。索洛模型把影响经济总量的因素归纳为三类：劳动、资本和广义技术进步。中国要取得可持续发展必须加强技术创新以提高生产效率。技术创新既是技术问题，更是制度问题。应通过制度建设，改善自主创新的社会环境，激励企业进行自主创新。

**3. 立足改善民生，增加社保支出**

政府若强调经济总量而不注重它的构成，那么从眼前或自身利益出发，地方政府就有可能更加关注企业利润和政府税收，而劳动者在其中成为弱者，必然影响居民可支配收入。居民可支配收入直接影响居民最终消费支出。除此之外，居民还关心政府的可支配收入中有多少用于和他们有关的公共消费。政府大幅度增加教育、医疗卫生、社会保障、政策性住房及就业保障等民生方面的投入，可以减轻居民在这些领域的支出负担，置换出新的购买力，这会明显地刺激消费增长。因此，政府应该增加社会保障支出，以提高居民的真实可支配收入。

**4. 警惕"中等收入陷阱"，确保经济发展可持续**

"中等收入陷阱"指一个国家从低收入发展阶段进入中等收入发展阶段后，经济增长率放缓，无法继续保持较好的经济增长。部分拉美国家的经验教训提醒中国应从以下方面着手避免"中等收入陷阱":一是加强制度创新和技术创新,提高经济的活力与效率;二是改善收入分配机制,优化收入分配结构,提升资源配置效率;三是刺激内需,降低经济的对外依存度。"中等收入陷阱"是客观存在的,如果不能在经济增长和经济发展中突破发展瓶颈,发展中国家或地区的工业化进程就有可能放缓。

### 四、减贫机理:赋利于人

可持续发展的基本减贫机理在于,建设物质资本以满足人的基本需要,缓解贫困人口面对的物质匮乏困境。简言之,可持续发展赋利于贫穷者。

首先,可持续发展以物质资本建设为目标取向,不断创造和积累物质财富,增加物质财富总量,这为消除贫困人口的物质贫困提供了物质资本基础。

其次,可持续发展注重物质资本建设与生态环境承载能力相适应,强调发展不以牺牲环境为代价,这有利于保护贫困地区脆弱的生态环境。

最后,可持续发展强调转变生产方式、节约资源、保护环境,这种资源节约型和环境友好型生产方式运用到贫困地区,将有利于缓解贫困地区发展面临的资源约束,有利于增强贫困地区发展的可持续性。

## 第2节 创新发展与减贫

### 一、战略内涵:自主创新

自主创新是指通过拥有自主知识产权的独特的核心技术,以及在此基础上实现新产品的价值的过程。自主创新的成果,一般体现为新的科学发现以及拥有自主知识产权的技术、产品、品牌等。自主创新分为三类:一是原始创新,即前所未有的重大科学发现、技术发明、原创性主导技术等创新成果;二是集成创新,即通过对各种现有技术的有效集成,形成有市场竞争力的产品或者新兴产业;三是引进消化吸收再创新,即在引进国内外先进技术的基础上，学习、分析、借鉴，进行再创新，形成具有自主知识产权的新技术。其中，引进消化吸收再创新是发展中国家提高自主创新能力的重要途径。中国是发展中国家，通过引进国外先进技术消化吸收而实现自主创新，是缩短创新时间、降低创新风险的重要途径。自主创新，关键在于"自主"，即独立自主地进行技术创新活动，减少对国外技术的依赖，在自主把握技术发展方向和进程的前提下，博采众长、为我所用。

自主创新作为国家战略[①]既有理论依据，又有现实依据。

（1）自主创新是当代生产力发展的驱动力。国家的繁荣进步归根结底取决于生产力的发展，而生产力要想获得持久的发展则离不开自主创新。哈贝马斯（1968）指出，随着大规模的工业研究，科学、技术及其运用结成了一个体系。技术和科学便成了第一位的生产力。[②] 进入21世纪，中国现代化建设进入了一个崭新阶段，按照以往的发展模式，中国现代化建设将会遇到以下障碍：一是资源难以为继；二是过度依赖投资驱动；三是环境状况的恶化。因此，在新一轮的经济建设中必须加强自主创新，依靠自主创新和技术进步推动经济发展。2005年6月27日，中共中央政治局会议提出：要更加坚定地把科技进步和创新作为经济社会发展的首要推动力量，把提高自主创新能力作为调整经济结构、转变增长方式、提高国家竞争力的中心环节，把建设创新型国家作为面向未来的重大战略。国务院关于制定"十一五"规划建议的说明中也指出：要把增强自主创新能力作为国家战略，致力于建设创新型国家。

（2）自主创新是提升国家综合竞争力的决定性因素。国家竞争力越来越体现在以自主创新为核心的科技实力上，经济竞争力、文化影响力最终取决于自主创新能力。迈克·波特（2002）认为在竞争优势的发展中，创新导向占有相当重要的地位。从国家竞争力的评价体系看，世界经济论坛采用的八大要素是：开放度、政府管理、金融体系、基础设施、技术、企业管理、劳动力和制度。瑞士洛桑国际管理学院采用的是国内经济实力、

---

① 国家战略是筹划和综合运用国家的政治、经济、军事、科技、文化、外交和精神力量，为国家发展和安全而确定的总目标和总方略。

② 哈贝马斯：《作为"意识形态"的技术与科学》（李黎等译），学林出版社1999年版，第62页。

国际化、政府管理、金融体系、基础设施、企业管理、科学技术和国民素质。无论在哪一个体系中，创新能力都具有非常重要的作用。

## 二、目标取向：人力资本生产

人力资本是指存在于人体之中的具有经济价值的知识、技能和体力（健康状况）等因素之和。人力资本作为一种生产要素，一方面直接对经济增长作出贡献；另一方面它又通过促进科学和技术的进步来促进经济的增长。扩大人力资本存量、提高人力资本质量，对一个国家的经济发展具有举足轻重的作用。对人力资本进行投资，有助于提高资源配置效率。人力资本同物质资本一样，是国民收入的重要决定因素。

**1. 人力资本投资是一种生产性投资**

人力资本投资主要体现在教育、保健、劳动力培训等方面。据世界银行专家的研究，增加教育投资对一国 GDP 提高有积极贡献。教育让人获得知识和技能，这些知识和技能可以转化为直接或间接劳动能力，因而教育投资属于生产性投资。此外，劳动力培训支出和保健支出可以使劳动者保持乃至提高原有的生产技能，提高生产效率。因此，政府和个人应合理分担教育费和保健费，视人力资本投资为生产性投资而不是福利支出。

**2. 人力资本投资可以提高劳动者的认知能力**

在其他条件不变的情况下，人力资本存量与劳动生产率存在正相关关系。人力资本投资一方面通过提高劳动者的素质（如职业技能、职业道德、工作态度等）提高劳动者的工作质量，从而对劳动生产率产生促进作用；另一方面通过提高劳动者的学习能力，不断地自我提高，从而提高生产效率。经济的发展和社会的进步需要精神动力和智力支撑，实现社会现代化的根本保证和先决条件是人的现代化。而人的现代化要求人的素质提高和全面发展。因此，通过人力资本投资提高劳动者的科技文化素质，是促进经济社会持续和全面发展的前提条件。

**3. 人力资本投资可以推动科技的进步**

科学的发展和技术的进步在于不断地创新，而人才在其中起着决定性的作用。因此，一方面应该加强科研投入，引进先进的技术设备，为自主创新打下坚实的基础；另一方面更要注重培养素质良好、技能水平高的科学家、工程技术人员、企业家、生产管理人员以及操作技能熟练的工人队伍，这便需要大量的人力资本积累与投资。

### 三、实现路径：开发人力资源

贯彻创新发展战略，需要以人力资本建设推动自主创新，以自主创新带动人力资源开发。具体体现如下：

**1. 转变思想观念，重视人力资本投资**

中国虽是人口大国，具有丰富的人力资源，但人力资本却不丰富。一是因为人力资本投资与积累比较匮乏，二是因为人力资源的配置缺乏合理性。要使人力资源转化为人力资本，必须进行人力资源开发。因此，各级政府必须充分认识提高人力资本投资的战略意义和作用，采取可行措施，加大人力资源开发力度。

**2. 增加教育投资，完善教育体系**

在教育投资方面，一方面要"增"，即各级教育投资的总量要不断增加，以逐步完善各级教育的基础设施建设；另一方面要"调"，即各级教育所占比重应不断调整改进，以实现各级教育协调发展。针对三级教育失衡、职业教育缺失的现象，应更加重视初、中等教育以及职业教育。应改革教育投资体制，发挥政府投资的主渠道作用，同时引导民间投资，缓解政府财政资金投入不足的压力。

**3. 增加医疗保健投资，提升国民健康水平**

劳动者身体健康是维持和提高人力资本水平的基本保障。政府应着力增加医疗卫生投资，提高医疗支出占财政支出的比重，完善基本医疗体系；同时着力于改革完善医疗体制，使医疗卫生服务更加公开、公平、有序。

**4. 扫除人力资本流动障碍，鼓励劳动力自由流动**

扫除阻碍劳动力自由流动的障碍，营造一个自由、健康的流动环境，无疑可以使劳动者各尽其能，减少结构性失业的发生，也有助于形成公正的收入分配机制。政府应破除制度障碍，推进劳动制度、户籍管理制度、社会保障制度的改革，消除劳动力市场的二元分割状态，以促进劳动力的自由流动。同时加强信息平台的建设，缩短劳动者寻找工作的时间和降低择业成本。

### 四、减贫机理：赋能于人

创新发展的基本减贫机理在于：投资于人，或者赋能于人。通过人力资本建设，提高贫困人口的自我发展能力，从而增加反贫困能力。

首先，教育投资直接提高了贫困人口的文化素质和能力，使他们有条件克服就业的能力制约和地域制约，可以面向市场就业。尤其应重视对贫困家庭新生代的教育投资，这是一项根本性的减贫措施。

其次，医疗保健投资直接改善了贫困人口的身体素质，保障了贫困人口的身体健康，这为贫困家庭创造了最基本的生产生活条件。良好的身体素质能够有效避免发生"因病致贫"和"因病返贫"现象，同时还有利于阻断贫困代际传递。

最后，技能培训投资直接提高贫困人口的劳动技能，这有利于生产技术的推广应用，也有利于贫困人口的稳定就业，还有利于提高劳动生产率。

## 第3节　包容发展与减贫

### 一、战略内涵：社会包容

包容性发展被亚行和世行等国际组织提升为一种优于益贫式增长（pro-poor growth）、包容性增长（inclusive growth）的新减贫战略（poverty reduction strategy，PRS）和发展模式。包容性发展不仅重视减贫效果，还关注发展过程的机会均等和发展成果的公平分配，特别是它不局限于收入维度，重视社会和政治维度的进步，因而是一种更加全面、更趋公平、更具人文关怀、更具可持续性的新发展理念和战略模式。

包容性发展有三个主要特征。第一，强调经济发展而非简单的增长。

非包容性是一种经济增长至上、GDP 至上的发展观，把经济发展简单理解为经济增长，同时又把经济增长简化为 GDP 增长。而包容性发展主张刺激内需，增加就业，依靠消费、投资和出口的协同来拉动经济增长，促进经济发展。第二，强调公平与效率。包容性发展理念的重大创新之处就在于重新描述了公平与效率之间相互依存和良性互动关系，主张让更多的人分享经济增长的成果，缩小收入差距。第三，强调了民生为本的价值导向。在经济增长中更多地强调民生，在收入分配方面向贫困人口等弱势群体倾斜，将"国强"和"民富"结合起来。

包容性发展是中国应对发展挑战的可行性选择。一方面，可以为国民创造公平的发展机会，促使其参与经济社会发展活动，各尽所能发挥作用，这有助于提高国民收入和增加人力资本。另一方面，发展成果分配上的利益共享，社会保障体系的建立健全，则可以提升国民消费能力和投资能力，进而为提高自主创新能力奠定基础。这样，既可以减少对国外市场的依赖，也可以减少对国外技术的依赖，增强经济发展的自主性和持续性。

## 二、目标取向：社会资本生产

社会资本的内涵丰富，有代表性的定义包括四类：一是以詹姆斯·科尔曼为代表的社会结构要素说[1]；二是以罗伯特·D·普特南代表的组织特征说[2]；三是以亚历山德罗·波茨为代表的能力说[3]；四是以皮埃尔·布迪厄、罗纳德·伯特为代表的关系（网络）资源说。[4] 研究表明，社会资本

---

[1] 科尔曼（James Coleman, 1990）："社会资本是根据它们的功能来定义的。它不是某种单独的实体，而是具有各种形式的不同实体。其共同特征有两个：它们由构成社会结构的各个要素所组成；它们为结构内部的个人行动提供便利。和其他形式的资本一样，社会资本是生产性的，是否拥有社会资本，决定了人们是否可能实现某些既定目标。"

[2] 普特南（Robert D. Putnam, 1993）："社会资本指的是社会组织的特征，如信任、规范，它们能够通过推动协调的行动来提高社会的效率。"

[3] 波茨（Alejandro Portes, 1995）："社会资本指处在网络或更广泛的社会结构中的个人动员稀有资源的能力。"

[4] 皮埃尔·布迪厄（P. Bourdieu, 1997）："社会资本是实际的或潜在的资源的集合体，那些资源是同对某种持久的网络占有密不可分的。"罗纳德·伯特（Ronald Burt, 1992）："（社会资本指的是）朋友、同事和更普遍的联系，通过它们你得到了使用（其他形式）资本的机会……企业内部和企业间的关系是社会资本……它是竞争成功最后的决定者。"

具有公共物品的属性，是人们共同遵守的行为准则、规范、情感等，是社会大众或团体成员认可的价值观体系和文化资源，是一种"以人为本"的人文环境。对于发展中国家而言，社会资本可以在一定程度上弥补物质资本、人力资本的不足。

**1. 社会资本可以弥补物质资本的不足**

发展中国家由于物质资本积累不足，社会资本的作用显得尤为重要。首先，存在于家庭、协会、企业等各种社会组织中的社会资本有助于社会的稳定。特别是对于贫困群体，社会资本会给予他们一种强烈的依托感和归属感，让他们变得更加坚强。其次，存在于各种社会组织之间的社会资本会促进经济的发展。最后，作为社会资本的社会制度，越来越成为生产力发展中的决定因素。中国改革开放以来取得的成就就是最好的诠释。

**2. 社会资本影响人力资本投资**

社会资本对人力资本投资的影响主要体现在以下三个方面。一是社会资本影响着高素质人才的去留。二是社会资本影响着当地对企业家的培育能力。适宜的社会环境和社会制度有助于培育出一大批优秀企业家，并形成良性循环，如中国的温州、苏州等地。三是家庭拥有的社会资本对人力资本的投资具有重要作用。

**3. 社会资本影响技术创新和进步**

首先，社会资本影响技术创新。由于社会资本可以降低交易费用，在一定程度上可以替代技术创新，从而降低技术创新的动力。随着组织规模增大，交易费用上升，社会资本要继续发挥降低交易费用的作用，就必须进行相应的扩张，当社会资本扩张的费用高于技术创新的费用时，对技术创新的需求增加。所以，规模越大的组织，技术创新的收益越大，技术创新的动机越强。[①] 其次，社会资本影响先进技术的引进。对发展中国家而言，自主技术创新成本很高，技术引进成为发展中国家的首选。然而，并非所有的发展中国家的技术引进都获得了预期的效果。速水佑次郎认为，技术引进作为低收入经济体追赶发达经济体的主要手段，要发挥预期作用

---

① 张其仔：《社会资本论——社会资本与经济增长》，社会科学文献出版社1999年版，第152～153页。

的一个重要条件是发展适宜的制度,而新制度的有效运作,取决于制度与接受国的价值体系的一致性。① 因此,接受国的社会资本(价值体系)是决定技术引进是否成功的重要影响因素。

**4. 社会资本影响一国制度的变迁**

林毅夫(1994)认为,无效率的制度安排和国家不能采取行动来消除制度不均衡,都属于政策失败。他将政策失败的原因归结为统治者的偏好和有限理性、意识形态刚性、官僚政治、集团利益冲突和社会科学知识的局限性。② 如果新的制度或者移植过来的制度与社会资本相一致,则该种制度得到发展的可能性比较大;反之,就会遭到各种形式的抵触,要么打政策的擦边球,要么迫使政策失效。

## 三、实现路径:促进社会公正

包容发展的核心在于社会公正。社会公正主要是指对一定社会结构、社会制度、社会关系和社会现象的一种伦理认定和道德评价,具体表现为对一定社会的性质、制度以及相应的法律、法规、章程、惯例等的合理性及合理程度的要求和判断。要营造一个既高效又公正的社会,仅靠社会个人的力量是不够的,政府有责任"平等地发展个人潜力,使每一个人一开始就有足够的权利(物质条件)以便得到相同的能力与所有其他人并驾齐驱"③。结合中国基本国情,推动社会公正可从以下方面着手。

**1. 完善市场机制,确保有效的市场竞争**

合理的竞争是市场经济有效性的最根本保证,也是实现社会公正的一个基本途径。建立有效的市场竞争机制至少应该做到以下三点。一是坚持公平竞争。国家在制定相关法律、法规和政策时,针对不同的市场主体,做到公平公正;同时在人员流动、就业培训、福利保障等方面为劳动者创

---

① 速水佑次郎、神门善久:《发展经济学——从贫困到富裕》(李周译),社会科学文献出版社2003年版,第319~330页。
② 林毅夫:《关于制度变迁的经济学理论:诱致性变迁和强制性变迁》,上海人民出版社1994年版,第384页。
③ 乔·萨托利:《民主新论》(冯克利等译),东方出版社1998年版,第389页。

造公平的竞争机会。二是坚持有序竞争。逐步完善各行业的法律法规，使得每一个市场的竞争都有据可循，都按照一定的秩序运行，做到既有竞争有效率，又有秩序有公平。三是坚持充分竞争。消除阻碍企业进入和退出市场的各种行政性和经济性垄断，保证竞争的相对充分。

**2. 弥补市场失灵，发挥政府调控作用**

政府通过采取适当的财政税收政策，适当提供公共产品，科学民主行政可以弥补市场失灵，改善社会公正的状况。在财政收入方面，税收公正被认为是首要的税收原则，主要包括：福利水平相同的人应当缴纳相同税收的横向公正（horizontal equity）；福利水平不同的人应当缴纳不同税收的纵向公正（vertical equity）。[①] 建立规范化和法治化的税收制度，是提高市场效率、兼顾市场公平必不可少的措施。政府应提高那些提供教育、医疗和社会保障等公共服务部门的效率。随着市场经济体制的发展和社会转型的深入，政府还应规范自身职能：一是逐步实现由管理型政府向服务型政府转变；二是构建公开、透明、诚信的行政环境；三是努力建设廉洁政府。

**3. 整合社会资本，加强社会主体互动**

整合社会资本应该关注以下几点：一是培育民众社会公正意识；二是增进民众的信任合作，信任不仅是社会资本的重要组成部分，也是社会资本产生的前提条件；三是培育和发展第三部门[②]。第三部门可以弥补政府失灵和市场失灵，覆盖公共事务治理的盲区，其本身就是一种社会资本。

**4. 坚持以人为本，促进社会发展成果共享**

物质是社会的物质，社会是人的社会，因此在物质分配上必须坚持以人为本。以人为本必须坚持人人共享、普遍受益。所谓人人共享、普遍受益，是指社会发展的成果对于绝大多数社会成员来说应当具有共享的性质。即随着社会发展，每个社会成员的尊严应当更加得到保证；每个社会

---

[①] 朱柏铭：《公共经济学》，浙江大学出版社2002年版，第197～199页。
[②] 第三部门指介于政府部门和营利性部门之间，依靠会员缴纳会费、民间捐款或政府财政拨款等非营利性收入从事前两者无力、无法或无意作为的公益事业，从而实现服务社会公正、促进社会稳定与发展的宗旨的社会公共部门，其组织特征是民间性、非营利性、自治性、公益性和志愿性。

成员的潜能应当得以不断提高；每个社会成员的基本需求应当持续地得以满足；其生活水准应当得以不断改善。只有坚持以人为本，在全社会树立起共享社会发展成果的理念，才能调动群众的积极性，更好地促进经济社会的和谐发展。

## 四、减贫机理：赋权于人

包容发展的基本减贫机理在于赋权于人。即通过保障贫困人口的基本生存权和发展权，保障贫困人口参与社会管理的权利，使得贫困人口融入社会、分享减贫发展的各项建设成果。

首先，包容发展保障了贫困人口的发展权利和发展机会，甚至是优先发展的权利和机会，从而促进了贫困地区的物质资本建设。

其次，包容发展保障了贫困人口参与发展决策、实施、管理和监督的权利，保障了贫困人口分享发展成果的权利，这一过程有助于增加贫困人口的人力资本。

最后，包容发展强调社会公平正义，强调起点公正、过程公正和结果公正。这有助于增加贫困人口融入社会和参加社会管理的机会，有助于增加贫困人口的社会资本，有利于减少和避免贫困人口可能面临的社会剥夺和社会排斥，缓解贫困脆弱性，因而是有益于贫困地区或贫困人口的发展模式。

# 第 7 章

# 中国减贫的政策选择

中国农村减贫模式是典型的政府主导型。减贫本质上是公共产品和服务,属于公共财政的基本职能范畴。根据中等收入阶段中国经济社会新特征和贫困新特征,结合转型期中国体制改革基本思路及减贫总体目标原则,建立并完善中国特色的综合减贫政策体系是当务之急。该综合政策体系以公共财政税收政策为基础,以公共财税政策所引导的金融政策、人力资源政策、社会政策和专项扶贫政策为呼应,形成中等收入阶段中国农村减贫的政策框架。

## 第1节 完善促进减贫的财政税收宏观政策

财政税收宏观政策是促进减贫的有效政策工具之一,在运用财税政策促进减贫的过程中,应重视三大政策导向:最大限度地运用财税政策促进城乡统筹发展;最大限度地运用财税政策促使"边缘化"的贫困地区转变为快速发展的"增长极";最大限度地运用财税政策引导落后地区遵循主体功能区规划科学发展。

### 一、优化财政税收政策的基本方向

(1)最大限度地运用财税政策促进城乡统筹发展。纵观世界各国经济的发展，特别是市场经济国家，城乡差别是一个普遍的社会现象。由于历史等原因，中国城乡发展不平衡。经过近些年的调整，如农村综合改革逐步深化，特别是农业税、牧业税和特产税的取消，减轻了农民的负担；国家在全面建设小康社会进程中实行"工业反哺农业"，出台了一系列强农、惠农、富农政策，增加了农民的收入；统筹城乡发展的法律、制度、政策和机制等逐步建立健全，总体上看，城乡差距有所缓解。但是中国城乡发展差距仍然较大：第二产业与第一产业间的劳动生产率差距继续扩大；农村就业率低于城镇，部分劳动力处于闲置状态；农村发展内容和速度滞后于城市；二元社会结构仍在发挥体制制约作用。因此，运用财税政策统筹城乡发展，改善减贫发展的宏观体制环境，创造利于减贫的良好体制和基础环境，应是优化财税政策的一个重要取向。面对现实的城乡差异，未来财税政策的着力点可以落实到三个层面。一是"多予"。针对农村公共设施差、政府提供的公共产品少、农民享用的基本公共服务不足等问题，继续加大财政支持力度。二是"少取"。避免利益团体与农民争夺权益。坚决制止损害农民利益的行为和现象。三是"保护"。农业在全球范围都是政府保护的弱势产业，如对于出口农产品实行免（退）税政策，以提升本国农产品在国际市场上的竞争力；或提高进口农产品的关税政策，以保护本国农产品的生产。中国农业在相当一段时期内仍是弱势产业，抵御自然灾害的能力和全球经济中的竞争力都较弱，未来农业的发展离不开财税政策的保护支持。

（2）最大限度地运用财税政策促使"边缘化"的贫困地区转变为快速发展的"增长极"。近年来，中国东部沿海地区由于土地、资源、劳动力价格的不断提高，企业经营成本上升，产业优势减弱，大量劳动密集型产业、资金和技术密集型产业的劳动密集型环节、资源型产业向中西部地区转移。贫困地区应抓住新一轮全国产业转移的机遇，通过承接产业转移实现经济总量扩张、产业结构调整和发展模式转型。未来，应强化财税政策引导产业转移的"看得见的手"的作用，根据生产专业化和生产分工的需要，制定更为科学的利于落后地区发挥比较优势的财税政策，实现产业转移与技术转移相结合，提高落后地区的产业承接层次。在推进中国产业链条整体转移和关联产业协同转移的同时，形成贫困地区与发达地区相互呼应的产业集群,建立多类型、多层次的区域合作组织,使得贫困地区由"边缘化"地区转变为"增长极"地区,为中国经济持续转型升级和发展提供内生动力。

(3) 最大限度地运用财税政策引导落后地区遵循主体功能区规划科学发展。支持中西部有条件的欠发达地区承接国际国内产业转移时,应考虑与全国主体功能区规划相衔接,区分出优先开发、重点开发、限制开发和禁止开发的区域和内容。既要扶持革命老区、民族地区、边疆地区和贫困地区等一些落后地区加快发展,又要避免产业无序转移和生态遭到严重破坏。这需要对财税政策有一个精细的规划。实现从"边缘化"到"增长极"的跨越,财税政策可以考虑以下重点领域:欠发达地区的基本公共服务水平;支持加工贸易从沿海转移至内地贫困地区的相应财税手段,如发展基金、关税;贫困地区交通运输、邮电通讯、市场体系、劳动力素质、税制结构和税收负担等影响投资的软硬环境建设等;贫困地区生态保护和补偿机制建设。

## 二、促进贫困地区实现基本公共服务均等化

基本公共服务是指由政府根据经济社会发展阶段和总体水平负责提供,保障个人生存权和发展权的最基本的公共物品及服务。可从三方面理解:第一,基本公共服务是公共服务中最基础、最核心的部分,与群众最直接、最现实的切身利益密切相关;第二,基本公共服务是政府公共服务的"底线",是公共财政的基本目标之一;第三,基本公共服务的范围和标准随着经济发展水平和政府保障能力的提高而动态调整。当前,基本公共服务领域存在的突出问题有:一是制度不完善,城乡之间、区域之间、群体之间制度不同;二是标准低,与中国经济发展综合能力和公共财力状况不相适应;三是基本公共服务供给不足和非均等化导致贫困产生、积累和代际传递。研究表明,基本公共服务均等化有利于减贫:基本公共服务均等化有助于提高贫困地区人口素质,增强其发展能力;有助于提升贫困地区基础设施,改善贫困地区生产发展条件;有助于保障贫困人群基本生

活水准;有利于减贫机制的长效化。① 必须加快建立覆盖城乡居民的基本公共服务体系,重点瞄准贫困地区和贫困人群,全面提升贫困地区基本公共服务均等化水平。

(1) 明确贫困地区基本公共服务均等化的优先项。以提升义务教育、基本医疗卫生、保障性住房、公共就业服务、社会保障、公共文化体育、福利救助服务的供给和均等化水平为主要任务,有重点、有步骤地推进贫困地区基本公共服务均等化,逐步建立和完善统筹城乡和区域、覆盖全民、方便可及、高效低廉的基本公共服务体系。

(2) 实现基本公共服务均等化制度与减贫战略和政策相衔接。把扶贫规划与基本公共服务均等化规划有机衔接起来。具体到现阶段,就是要统筹编制基本公共服务均等化规划与扶贫开发规划;统筹各项扶贫措施;统筹整合各类扶贫资源;统筹安排扶持对象。在规划衔接和统筹基础上,加强扶贫项目与基本公共服务均等化项目的衔接,形成发展合力。

(3) 构建贫困地区和重点县的基本公共服务财力保障机制。改变转移支付的地区分配结构,重点调整财力性转移支付和专项转移支付的地区分配结构,使其向中、西部贫穷地区倾斜。同时,财政转移支付资金应重点向贫困县乡倾斜,提高贫困县乡基层政府的财力,以增强基层政府提供基本公共服务的能力。应根据县级政府承担的基本公共服务任务变化情况,测算其所需要的基本财力。按照激励与帮扶相结合的原则,调整中央、省、县之间的财力分配关系,在挖掘县级财力增长潜力,注重县级自我财力保障的基础上,对仍然存在较大财力缺口的县级政府,加大中央和省对县级政府的财政转移支付力度。

(4) 建立基本公共服务均等化的衡量标准与指标体系。标准和指标体系的构建,既要考虑全国的平均供需水平,也应考虑不同地区自然、地理、人文等因素引致的供给成本差异,考虑贫困地区的实际和特殊性。此外,还应制订基本公共服务均等化的明确目标与具体时间表,建立根据经济社会发展情况完善衡量标准和指标体系的动态调整机制。

---

① 参见苏明、刘军民:《转变发展方式背景下的基本公共服务均等化与减贫》,中国农业出版社2011年版。

## 三、健全对贫困地区的转移支付制度

财政转移支付制度存在着许多不规范的地方,对贫困地区而言不利于其加强财源建设。如在体制补助方面,在年终结算、税收返还补助、专项补助等方面,都不利于贫困地区。在目前条件下,需循序渐进地深化改革,从财政增量资金中进行调整。体制补助及专项补助改革在短期内具有可操作性,也符合公共产品均衡化的原则,仅需改革规范其分配方式:变财政无条件的转移支付为有条件的转移支付;变不确定的计算为相对稳定且透明的计算方法。这些正是贫困地区改善财政状况的关键。①

(1)区分转移支付的支出责任。在明晰中央、地方支出责任基础上,合理确定转移支付具体方式:中央事权,由中央财政足额安排;地方事权,强调地方政府支出责任,原则上通过一般性转移支付实施均衡;中央和地方共同事权,明确中央和地方各自所承担的支出比例;对于符合中央政策导向的地方事务,中央财政也可以通过专项转移支付加以引导鼓励,但项目不宜过多、数额不宜过大。基于减贫是中央政府和地方政府的共同事务,应明确由中央财政和地方财政分担支出责任。

(2)完善一般性转移支付。遵循以下原则:简化转移支付体系,将部分财力性转移支付和专项转移支付归并到一般性转移支付;提高一般性转移支付规模和比例,增强基层政府统筹安排财力、提供基本公共服务的能力;改进一般性转移支付计算办法;对革命老区、民族地区、边境地区、贫困地区等困难地区给予优惠性政策导向;对遵循国家主体功能区规划的开发建设给予正向激励。

(3)规范专项转移支付。遵循以下原则:一是限制新增加专项转移支付项目,压缩、整合现有专项转移支付项目。确需新设专项转移支付的,应严格程序。二是制定专项转移支付的分配、使用、监管和绩效考评办法,规范专项转移支付的使用管理。三是完善专项转移支付配套办法。考虑贫困地区实际,取消其地方财力配套。新阶段,根据统筹区域发展和减

---

① 参见贾康《中国财税体制改革的战略取向:2010~2020》,载于《改革》2010年第1期。

贫的国家战略，可研究设立针对全国14个贫困片区的有时限的专项转移支付，促进这些地区加快发展，到2020年与全国同步建成小康社会。

（4）加强转移支付制度建设。推进转移支付工作的科学化、规范化和法制化。首先，完善专项转移支付管理制度，从设立、审批、分配、使用、管理和监督等各个环节加以规范。其次，稳步推进转移支付立法工作。再其次，加强社会监督，将涉及民生的专款项目和资金的管理向社会公开，接受群众监督。最后，建立财政转移支付的决策咨询制度，咨询对象应包括贫困地区和贫困群体的代表，保证贫困人口代表决策参与权，从而确保转移支付制度建设能够体现贫困地区和贫困人口的需求及权益。

## 四、选择性改革调整益贫税收政策

税收政策作为一种宏观与微观双重调节的杠杆，既是一个地区吸引投资的重要手段，也是企业微观行为的重要指南。发展贫困地区的经济，离不开税收优惠政策支持。在制定具体政策时，要考虑以下因素合理引导社会资源流向：一是立足于贫困地区的区位条件和比较优势；二是着眼于贫困人口的自身条件和就业特点；三是对贫困地区的税收优惠政策符合国家的产业政策。当前，可有选择性地重点调整直接有利于贫困地区的两项税收政策。

**1. 在贫困地区推行营业税向增值税转换，即"营改增"**

"营改增"解决了货物与劳务税制不统一问题，总体上减轻了税负，开拓了服务业市场，延长了产业链条，为企业营造了良好的发展环境。营业税改征增值税，作为一项重要的结构性减税措施，是推动经济结构调整、促进发展转型的一项重大改革，也将有助于消除目前对货物和劳务分别征收增值税与营业税所产生的重复征税问题。从长远来看，营业税改征增值税，不仅给贫困地区企业带来了减税的实惠，也将对减贫产生深刻影响。相对而言，服务业对劳动力的吸纳作用更强一些，改革将推动服务业加快发展，特别是有利于增加贫困地区就业，提高劳动收入占GDP的比重，使贫困地区国民收入分配格局更加合理。这对于贫困地区的经济起飞意义重大。

**2. 改革资源税征收办法，增加贫困地区地方财力**

资源税改革有助于发挥组织收入、调节经济的作用，促进贫困地区经济社会协调、健康发展。针对当前资源税征收范围窄和计税依据不合理等问题，具体改革建议包括：

（1）扩大资源税的征税范围，将目前限于原油、天然气、煤炭、其他非金属矿原矿、黑色金属矿原矿、盐等征收范围，扩大到土地、水、森林、草原等非矿资源，将所有不可再生资源纳入资源税征管范围，从而促进自然资源的合理开采与节约使用，用税收遏制环境恶化的态势。可在全国14个连片贫困地区率先试点。

（2）制定科学的课税依据。将资源税与环境成本以及资源的合理开发、养护、恢复等挂钩，在收取绝对地租和调节级差收益的基础上，根据资源的稀缺性、不可再生资源替代品的开发成本、可再生资源的再生成本、生态补偿的价值等，合理确定资源税单位税额。

（3）改从量计征为从价计征。按照资源开采企业实际销售与使用的资源量与市场价格或销售价格计算的价值量作为计税依据，根据资源市场行情和价格变化征收资源税，有利于抑制高价资源的过度开采。

（4）明确资源税使用用途。将部分资源税征收额纳入生态恢复补偿基金，专门用于资源开采造成环境破坏的修复、可再生资源的培育、不可再生资源替代品的开发，以及当地贫困人口的生计补贴，促进资源的可持续利用和环境保护。

## 第2节 完善促进减贫的金融政策

### 一、优化金融扶贫政策的基本方向

改革开放以来，中国金融总量快速增长，经济货币化进程[①]加快，金融在经济中发挥着越来越重要的作用。金融扶贫与财政扶贫同样拥有"公共服务"的特性，两者的区别在于资金的"有偿"与"无偿"。金融扶贫

---

① 经济货币化进程是指国民经济中通过货币媒介来进行的全部商品和劳务交换占总产出的比重，是麦金农和肖在1973年提出用来分析发展中国家金融深化程度的重要指标。

的运行模式涉及主体确立、方式选择、政策支撑和效应评价。按需求可分为家庭性金融扶贫、行业性金融扶贫和地区性金融扶贫等层次。在实施金融扶贫过程中，应把握以下基本方向。

**1. 保障稀缺性金融要素对贫困地区的供给**

在金融供给（机构的）方面，许多金融机构排斥贫困者。由于强调财务可持续性和商业性，金融扶贫资金的使用存在"由瞄准贫困者转向偏爱较富裕群体"现象。减贫目标群体被金融扶贫服务排斥的原因包括：金融机构与目标群体签订的贷款合同中的限制性条款，并不能得到切实执行或者执行成本过高，因而无法控制贷款资金使用中的道德风险；目标群体一般业务规模较小且分散，金融机构若与每个客户谈判，就要付出很高的交易成本；目标群体一般也难以满足金融机构对于担保的要求，这些客户一般没有自有资本，很少的生产资料是和生活资料混同使用，难以作为担保物；缺乏规范的长期信用记录，金融机构难以收集和处理减贫目标客户的信用信息。未来，从单纯追求扶贫目标转向扶贫与机构可持续性并重的双赢战略，实现贫困地区金融要素资源集聚，将是实施金融扶贫的基础和前提条件。

**2. 提高金融扶贫资金的使用效益**

在实际运行中，有以下因素影响金融扶贫资金的使用效益：（1）贫困地区政府一般偏好基础设施改善和所谓牵引作用大的非农生产性项目，存在变相使用扶贫贴息贷款的可能性；（2）由于甄别贫困户的工作不力或方法不当，导致贷款对象认定的偏差，致使信贷扶贫资金使用偏离目标；（3）由于项目管理不善、监控不力，导致信贷扶贫资金的外溢；（4）扶贫贷款投放量大、垫付资金多、清收难度大、管理半径较长、运营成本高。未来，进一步提升金融扶贫资金的使用效益，将是政策制定的重要考量。

**3. 增强贫困地区金融扶贫产品的可持续性**

金融扶贫产品由于体制机制等原因，表现出不可持续性，最典型的是小额信贷扶贫产品。由于市场经济体制的不完善，小额信贷运转行政色彩浓厚，出现重资金发放、轻资金管理和回收的现象。部分地方政府利用小额信贷的政策性优惠，盲目上一些政绩项目，引导农民进行一些缺乏充分论证的结构调整，结果致使项目失败，农民还不起贷款，严重影响到金融机构的业务发展。小额信贷的组织制度缺陷已成为其运行的瓶颈。另外，由于缺少必要的金融中介服务，贫困地区金融扶贫产品供应不足和不可持续。这些，应当成为金融扶贫产品供给制度改革的重点内容。

## 二、创新机制减少贫困地区有限金融资源外流

资本短缺本是贫困地区发展的制约因素，而现实中贫困地区有限的金融资源却在不断外流，从农村流向城镇，从落后地区流向发达地区。发生这种现象的根本原因在于资本边际效益差异，在市场规律作用下，资本自动从边际效益低的区域流向边际效益高的区域。贫困地区有限金融资源的外流无异于"釜底抽薪"，产生的负面影响十分明显：拉大了地区发展差距和居民收入差距，使得贫困地区的发展陷入资本不足的恶性循环。必须采取措施，创新机制，减少或阻止贫困地区有限金融资源的外流。

**1. 加强金融制度创新**

可运用制度手段在贫困地区盘活金融存量和引入金融增量。

（1）运用行政管理制度手段，对贫困地区金融机构存款的放贷作出限制性规定，要求拿出一定比例的信用贷款在属地使用。

（2）运用市场机制引导贫困地区金融机构在属地放贷，人民银行根据金融机构的贷款余额适当放宽该金融机构的存款准备金率或票据贴现率。

（3）在建立存款保险制度和健全监管制度基础上，鼓励正规的民间金融机构在贫困地区发展，引导包括民营资本在内的各种资本到农村地区组建村镇银行、贷款公司、农村资金互助社和小额贷款公司四类机构，逐步做大贫困地区的金融增量。

**2. 加强金融业务创新**

通过业务创新增加贫困地区的金融产品供给。

（1）运用财政激励手段，对贫困地区金融机构的支援欠发达地区发展的信贷业务给予财政贴息。或由财政出资设立担保基金或风险补偿资金，提高金融机构对贫困地区小微企业的支持力度和宽容度。

（2）鼓励私募股权基金、风险投资基金等民间金融资本与贫困地区的产业资本相互融合，形成利益共同体，这样既可以降低产业发展的成本，

也为民间金融资本拓宽了投资渠道,实现了金融资本和产业资本的共赢。

**3. 加强金融组织创新**

立足发展阶段和发展水平,贫困地区加强金融组织创新的重点在于发展草根金融。国内将小型企业、微型企业、个体工商户、农业生产经营户四类经济体统称为草根经济体,为其服务的金融体系被称作"草根金融"。贫困地区草根经济体融资困难,主要因为城乡基层金融服务体系的欠缺,即金融机构、融资方式和信用体系欠缺。应遵循"三分两化"的理念,即"金融机构分大小、融资方式分类型、金融监管分层次;机构发展专业化、配套支持社会化",加强金融组织创新,构建城乡基层金融体系,形成覆盖广泛、服务便捷的多层次草根金融市场。

## 三、强化贫困地区草根金融主体建设

针对当前贫困地区金融减贫形势,需要统筹政府引导促进、市场主导推动和社会配合参与,加强贫困地区草根金融主体建设①,实现贫困地区基层金融体制的平稳和可持续发展。

**1. 加快贫困地区基层金融机构建设**

应通过财税政策、货币政策和信贷政策激励,构建满足贫困地区不同层次需要的基层金融服务机构:引导大中型国有银行在贫困地区设立小微企业金融服务专营机构;鼓励城商行、农商行、股份制银行在贫困地区设立分支机构,跨区域经营和管理小微型金融业务;鼓励农村信用社坚持支农支小的业务方向;引导和支持村镇银行、资金互助社、小额贷款公司等新型基层金融机构在贫困地区加快发展,开展小微型金融业务。新设置的小微型金融机构要坚持面向基层,紧贴"地皮"为草根金融体服务,在覆盖成本和保证资金安全前提下,稳定发展业务,不追求扩张,成为"不长高"但是非常实用的基层机构。

**2. 建立贫困地区草根金融发展的协调机制**

2011年10月12日,国务院研究确定了支持小微企业发展的"国九

---

① 参见高鹏、吴华:《中国城乡基层金融发展现状、挑战及建议》,载于《河南社会科学》2012年第6期。

条"，出台了扶持小微企业的金融政策和财税政策，但在组织层面仍未建立起跨部门的协调机制，缺少统筹主管贫困地区基层金融机构发展的主管部门。应成立以人民银行牵头，银监会、财政部、发改委、国务院扶贫办等部门参加的"贫困地区基层金融发展部际联席会议"。条件成熟时可组建"贫困地区基层金融发展领导小组"，作为议事协调机构，负责统筹协调贫困地区基层金融领域的重大决策问题；同时在央行设立贫困地区基层金融工作领导小组办公室，作为发展草根金融的具体办事机构。

**3. 引入社会力量促进贫困地区草根金融发展**

借鉴美德等发达国家的经验，贫困地区小微型金融机构的发展，还应当发挥行业协会、社会团体等非政府组织的作用。借助于社会力量，可以帮助贫困地区建立小微型金融技术咨询和培训体系，还可以为贫困地区草根金融机构提供各种配套业务，包括批发供资、支付结算、绩效评定和财务审计等，还可以帮助建立小微型金融信息数据库和计算机管理系统。2012年5月，银监会、证监会发文鼓励引导民间资本进入金融领域。贫困地区应抓住机遇，通过政策引导民间资本与草根经济体结合，创造出符合民营资本和草根经济特征的金融发展路径和金融产品。

## 四、构建贫困地区新型金融体系

**1. 构建适度弹性的金融产品体系**

可从以下三个方面努力：

（1）开发间接融资金融产品。着重开发适合贫困地区的金融品种。扩大质押与担保的种类与范围，如存货质押、应收账款质押、仓单质押、股权质押、知识产权质押等；开展农民土地使用权质押贷款试点；开发个人和小微企业的联保贷款以及无抵押、无担保的小微型信用贷款。也可借鉴孟加拉国格莱珉银行的运营理念，面向贫困人口提供小额金融产品。

（2）开发直接融资金融产品。在股权融资产品方面，鼓励民营资本在贫困地区结合当地资源发展股权私募基金、风险投资基金和天使基金；探索和实施贫困地区资源资产化、资产证券化试点。在债权融资产品方面，完善贫困地区中小企业短期融资债券或集合债发行制度，降低成长性强的中小企业集合票据的发行门槛。此外，鼓励贫困地区扶贫龙头企业进入中小板、创业板和"新三板"直接融资。

（3）开发政策性或开发性融资产品。鼓励中国农业发展银行、中国进出口银行等政策性金融机构提供更多适合减贫的金融产品，特别是面向草根经济体提供金融产品。鼓励国家开发银行运用开发性金融支持贫困地区产业开发和基础设施建设。

**2. 构建有所侧重的金融市场体系**

金融市场体系内容丰富，包括货币市场、股票市场、债券市场、保险市场、外汇市场和期货市场等。在贫困地区发展金融市场，必须根据基础条件有所侧重地选择。优先培育货币市场、债券市场和保险市场。积极培育股票市场，当前主要以中小板和创业板为主，探索发展区域性第三板、第四板市场。在对外开放的边境贫困地区，可选择区域中心培育外汇市场。通过多层次的金融市场建设，为贫困地区的跨越发展创造条件。

**3. 构建积极审慎的金融监管体系**

贫困地区金融制度不完善、金融生态发育不足，在金融创新过程中，要注意加强金融监管。应建立多层次的金融监管体系，确保贫困地区金融市场健康发展，金融产品适量供应，金融创新规范有序。

# 第3节 完善促进减贫的人力资源政策

## 一、优化人力资源政策的基本方向

从低收入阶段进入中等收入阶段，主要依靠较高的资本积累和廉价的劳动力。然而，劳动力的供给不是无限的，物质资本积累对经济增长的贡献率也是边际递减的。要实现中等收入阶段向高收入阶段的飞跃，重点应提升技术水平和劳动力的质量，更加重视人力资本积累。

**1. 树立贫困人口也是重要人力资源的理念**

知识经济时代，人力资源被认为是第一资源，人力资源的多少对一个企业、地区、国家都具有关键意义。对贫困地区而言，贫困人口不是负担，而是当地发展的内生资源和主体力量。贫困人口作为一种资源主要体现在两个方面：首先是生产的能力；其次是消费的能力。

（1）从生产能力的角度来分析，农村及中西部的贫困人群是中国继续发挥自身人口优势的重要途径。许多学者认为，经过三十多年的发展，中国的人口红利已经被耗尽，"刘易斯拐点"已到来，中国经济即将进入一个劳动力短缺所导致的低速经济增长和经济结构被倒逼调整的阶段。但这样的判断值得商榷，一个被忽略的基本事实是农村大量贫困人口的存在，以及农村人均国民收入较之城市的差距仍然很大。2008年数据显示，中国第一产业的产值占GDP的比重仅为10%，但是第一产业的就业人口比重却是39%。而以日本和韩国等亚洲国家发展经验看，在第一产业的比重下降到5%、农业从业人口下降到10%之前，农村劳动力向城市转移的趋势就不会改变。因此，目前中国处于农民工继续向城市转移时期，中国经济结构转型的当务之急是加快第一产业的劳动人口的转移，合理有效利用农村的大量富余人力资源，提高第二、第三产业的产值比重，促进中国城乡二元结构的转变。这一举措不仅会对中国的经济增长产生正面影响，还有利于农村贫困人口"脱贫致富"。

（2）从消费角度来分析，相对富裕阶层而言，贫困人口的衣食住行等基本需求尚未得到满足，其收入增加的绝大部分会用于解决自身的生存发展需要，这在很大程度上会增加社会的总消费需求。从这个意义上说，解决贫困问题对一国经济增长的贡献是不容忽视的。

**2. 阻断贫困的代际传递**

农村贫困代际传递的原因十分复杂，环境因素和制度因素是重要变量。从环境方面看，耕地资源少、生态环境差等导致农村贫困人口世代难以摆脱贫困的梦魇。从制度方面看，农村严格的户籍管理体制使农民在享受教育、医疗保障、各种公共产品及公共福利等方面与城市居民存在很大差距，农民难以分享城市文明的发展成果，这缩小了农民的就业选择空间，限制了农民既有人力资源充分实现价值的可能性。在家庭承包责任制的土地制度下，农民土地的使用权和收益权不稳定，农民难以在工业化、城市化进程中获得土地增值收益。因此，要阻断农村贫困的代际传递，应调整反贫困战略，在经济机会的分享、社会权利的获得、教育权利的保障、社会安全网的构建等制度层面上加以创新，做出公正的制度设计和政策安排，保障贫困者的发展机会与各项社会权利。

**3. 积累人力资本促进贫困地区可持续发展**

从人力资本积累的角度探讨贫困区域发展逐渐受到经济学家的重视。1965年宇泽弘文在《经济增长总量模式中的最优技术变化》中提出，无须外在的"增长发动机"，只依靠人力资本的积累，就足以使人均收入持续增长。舒尔茨在《人力资本投资》中阐明了人力资本在经济发展过程中的重要作用，即人是国民财富的一个重要组成部分，物质资本不是使人贫穷的最主要因素，相反，人力资本才是决定经济发展和国家富裕程度的关键。长期以来，中国对农村贫困地区采取"输血式"的扶贫，扶持农民的方式包括发放补贴、援助财物、减免税费等，在一定程度上缓解了农村贫困状况，但不是治本之策，贫困地区缺乏"造血"功能，终难跳出"低收入陷阱"（贫困陷阱）。诺贝尔经济学奖得主詹姆斯·海克曼认为，在整个20世纪90年代，中国各级政府的教育支出占GDP的比重不足3%，而在实物上的投资却大约占到30%。相比之下，这两项投资的比例在美国分别为5.4%和17%。人力资本投资和物质资本投资需要平衡，过分强调其中的一方都会损失效率。[①] 然而，从重视物质资本投资转向重视人力资本投资并非易事。在中国不少贫困地区，九年义务教育制度还没有得到有效施行，突出表现为流动人口中适龄贫困儿童的失学比例较高，这将成为贫困家庭脱贫致富的主要障碍，必须予以改进。

## 二、增加供给益贫的教育政策

**1. 提高教育投入整体水平**

教育是一国人力资本积累的主要途径，然而在中国教育事业发展的进程中，教育投资短缺的矛盾始终存在着。世界衡量教育水平的基础线是国家财政教育经费占国内生产总值的比例达到4%。从中国的数据来看，自1985年到1993年的8年时间里，除1986年教育经费占国民生产总值的

---

① 虞立琪：《人力资本投资与物质资本投资同等重要》，载于《商务周刊》2004年第19期。

3.84%外，其余年份均低于3.7%，并且自1986年以后一直呈下降的趋势，到1993年降为2.67%，1995年降为2.5%，2010年该比例回升为3.66%，直到2012年才达到4%。各级政府应充分重视教育对于国家经济社会发展的基础性和根本性作用，不断加大公共财政的教育投入。

**2. 优化教育支出结构**

当前，政府对高等教育的支出较多，而对初等教育尤其是义务教育阶段支出相对较少，而且东西部地区教育支出也存在显著的差距。因此在教育支出结构的调整上，国家应加大对基础教育，特别是中西部地区初等教育的扶持力度，努力改善落后贫困地区的教育现状，逐步缩小地区之间、贫富之间的教育不平衡状况。同时，对教育投入进行法律调控，从法律层次上保证、规范教育投入，实现义务教育财政责任的法治化。

**3. 注重培育与发展职业培训机构**

贫困人口主要是文化水平较低的人群，其接受教育的时间较短，对这类人群进行职业培训，有利于他们找到新的工作岗位，摆脱"低收入陷阱"。发挥政府在职业教育方面的引导作用，对向贫困人口提供培训机会的企业予以鼓励优惠政策。在条件具备的贫困地区，倡导为低收入阶层提供免费的公共职业培训并促进就业。

**4. 保障农村贫困儿童和进城儿童接受义务教育的权利**

切实研究解决农村留守儿童接受教育的问题。对符合规定的进城农民工子女，在"两个为主"（流入地政府为主、公办中小学为主）的基础上，采取保障措施，让每一个进城农民工的子女都能够在城市学校就近接受教育。

## 三、增加供给益贫的科技政策

**1. 加强科技创新**

科技创新是贫困地区跨越发展的关键，是贫困地区产业升级和可持续发展的关键。重视科技创新的杠杆效应，通过与国家级科研院所、高科技单位的共建，为国家级科研院所、高科技单位提供实验基地或见习基地，互派科技人员挂职锻炼等形式，把领先的、实用的技术引进到贫困地区，带动贫困地区科技进步。根据贫困地区的区位条件、产业特色和市场潜力，发展相应层次和有所侧重的高新技术孵化园区和产业园区，并给予政策激励。建立健全有利于科技创新的政策体系。

**2. 完善农业科技创新人才培养机制**

鉴于农业科技在贫困地区的特殊重要性，应稳步提高贫困地区农业科技人员的数量和质量。建立多层次的人才培养机制：采取措施引导高校开展农业实践，积极培养农业科技创新人才；倡导农业企业加大投入力度，鼓励其逐步发展成为农业人才培养的主要平台；发挥社会化服务组织在培养人才方面的重要作用，加强其农业科技服务。建立健全人才流动机制，鼓励人才到中西部困难地区发挥自己的特长，把农业专业人才合理配置到农业生产的各个领域和环节。

## 四、增加供给益贫的卫生政策

**1. 发挥政府在基本医疗保障方面的主导作用**

政府的首要任务是将农村合作医疗保障体系覆盖到所有的贫困地区和所有贫困人口。同时也要引导发挥社会医疗服务组织的作用，对在贫困地区建立医疗服务机构的社会组织可给予财政补贴和税收优惠。

**2. 建立城乡医务人员交流制度和卫生扶贫志愿服务制度**

市县医疗卫生机构定期接收乡镇医生进修培训，市县医院的医生定期下乡进行技术指导，以提高乡村医务人员健康服务技能。引导创建卫生扶贫志愿服务活动，给予卫生扶贫志愿服务人员适当的政策激励。

**3. 建立和完善贫困社区的基本医疗保障功能**

把贫困村村级卫生室建设成为综合性的社区公共卫生和健康服务中心，发挥其健康教育、保健、康复、医疗、计划生育、卫生防疫等综合服务功能。增强贫困社区居民的卫生保健意识和能力。建立以社区为基础的农村贫困人口健康服务互助机制。

## 五、增加供给益贫的就业政策

**1. 实施以人力资源开发为导向的就业政策**

鼓励有劳动能力的扶贫对象自我就业，依靠自身能力脱贫致富。对于再就业弱势群体，政府出台就业扶持政策，给予就业扶助。政府完善社会政策以减少社会排斥，取消就业中存在的年龄、户籍、性别等方面的限制，创造更加平等的就业环境。为贫困人口自我创业提供便利，如减免税费、提供小额贷款等。对于吸收特殊劳动力的中小企业，给予财政补助或税费减免等政策激励。

**2. 加强对农村贫困人口的职业技能培训**

发挥职业教育和职业培训在贫困地区的重要作用。建立义务教育与职业教育的对接机制，将未能升入高中或大学的农村学生，自动转入相应层次的职业教育学校，保证每位农村青年至少掌握一门技能后进入社会。利用地方政府和社区的力量建立职业技能培训机构，面向贫困人口开展非农就业技能培训，并提供就业帮助。

**3. 努力保障农村青年就业，避免贫困代际传递**

政府实施"初次就业计划"，财政对吸收初次就业青年的企业给予补助，以减轻企业负担和激励企业创造就业岗位。对于自我创业的农村青年，政府通过优惠低息贷款等方式予以资金援助。

## 第4节 完善促进减贫的社会政策

### 一、优化社会政策的基本方向

社会资本与物质资本、人力资本一样，能够创造社会价值。而且社会资本利用得越多，其价值就越大。因此，在以经济政策为主的减贫战略不足以全部解决贫困问题的情况下，社会政策的完善和优化将成为未来扶贫政策的重要补充。社会政策在扶贫过程中有助于提高贫困人口的经济地位和社会地位，有助于激活贫困人口的内在潜力，有助于积累贫困人口的社会资本。在制定和执行益贫的社会政策时，要注意把握以下几个原则：

（1）坚持减贫与低保等相结合，为贫困人口构建社会安全网。扶贫开发和农村低保都是帮助农村弱势群体和贫困群体的有效途径。开发式扶贫不能解决全部或部分失去劳动能力贫困人口的脱贫问题，而救济式扶贫也难以做到持久和长效，因此两项制度需要科学定位、合理分工、相互补充。农村低保以保障农民最低生活需求为主要任务，扶贫开发以增强贫困地区和贫困人口的自我发展能力为主要任务。对于贫困地区而言，加大扶贫开发力度十分必要，建立和完善以社会保障为主体的社会安全网同样不可缺少，两项制度有机结合是新时期减贫机制的适时调整与自我完善。

（2）坚持维持型社会政策和发展型社会政策相结合，体现政策针对性和协调性。对于那些年老体弱和尚无法自立的未成年人，以及那些长期处于社会边缘状态、已经落后在起跑线上的社会弱势群体成员，主要适用传统维持型社会政策，发挥政策的"输血"功能。对于具有劳动能力和一定基础的贫困者，主要适用发展型社会政策，提高贫困人口参与经济、融入社会的能力，给予贫困家庭项目扶助，发挥政策的"造血"功能。

（3）促进贫困地区社区互助，增加贫困人口社会资本。贫困人口的社会资本主要表现为家庭网络和社区融合。减贫应注意社会动员，在促进贫困地区经济发展的同时，引导和促进贫困地区社会变迁；在改善贫困人口生产生活方式的同时，改善贫困人口的社区交往方式。以现代文化为引领，发挥地缘、亲缘和业缘优势，在贫困乡村积极倡导和培育进取、互助、开放的社区文化，促进社区交往与融合，增加贫困人口社会资本，增加贫困人口融入社会的能力和机会。

## 二、调适社会结构，提高社会包容度

目前中国处于经济社会转型期，社会分层分化日益加深。应提升整个社会的包容程度，努力促使边缘化的贫困群体融入主流社会。

（1）改革社会管理体制，促进社会阶层良性流动。在教育、就业方面，对贫困地区制定优惠政策，给贫困人口平等的发展机会，增强贫困人口的社会流动能力；在社会事务管理方面，给予和保障贫困人口参与决策权和管理权；在户籍管理方面，探索先行放宽中小城市管理制度，给予进城农民工更多的市民待遇，优先解决进城农民工子女的就学问题。

（2）调整完善公共政策，缩小贫富差距。借鉴国际社会经验，向富人阶层征收高额的累进税来补贴穷人，优化资源配置结构，调整利益分配机制。

（3）建设橄榄形社会，增强社会稳定性。橄榄形社会的基本特征是中间阶层规模较大，精英和底层的数量相对较小。中间阶层是维系社会稳定的基础性力量，是沟通精英和底层的桥梁与纽带。橄榄形社会结构意味着社会经济资源分配相对合理，社会阶层之间的矛盾和冲突相对缓和。经验观察分析表明，这样的社会结构，社会包容度较高，有利于社会稳固。构建这样的社会形态，需努力减少处于社会底层的贫困人口数量。

## 三、构建贫困地区社会安全网

在广大农村地区，尤其是贫困地区，具有条块分割、城乡二元体制特点的社会保障体系与建设小康社会的目标相去甚远，越来越成为阻碍国民经济持续健康发展的瓶颈因素，应努力建立健全城乡统筹的社会保障制度。

（1）科学界定社会保障面。覆盖面过大，将产生福利政策外部负效应；覆盖面过小，则会减弱福利政策的保障功能。保障面大小决定于国家社会保障能力和保障标准，应根据经济社会发展阶段的客观需求兼顾公共财力，科学制定社会保障标准，并建立与物价指数联动机制，适时动态调整。

（2）促进社会保障城乡统筹。尽快改变社会保障制度碎片化、不连续、难接续的状况，以基本社会保障均等化为目标，实现社会保障城乡统筹，并逐步提升社会统筹层次。中央政府应在其中发挥主导性调节作用，当前的着力点是整合多头分散管理的社会保障具体措施。

（3）建立社会安全网的资金保障机制。改革资金筹集机制，增加上级政府（尤其是中央政府）的财政转移支付力度，加强社会统筹。完善农村低保、农村社会养老保险、新农合等不同项目资金的使用管理。

## 四、改善社会服务和管理机制

（1）建立健全社会服务机制。政府部门或社会机构为社会弱势群体提供的基本生活服务、公共事业服务、医疗保健服务等，均属于社会服务的范围。在农村减贫行动中，提供必要的基础设施、良好的政策指导和基本公共服务等，是农村减贫的关键环节。

（2）建立健全社会保险机制。社会保险是一种为丧失劳动能力、暂时失去劳动岗位或因健康原因造成损失的人口提供收入或补偿的一种社会和经济制度。社会保险计划由政府制定，强制某一群体将其收入的一部分作为社会保险税（费）参加形成社会保险基金，在满足规定条件时，被保险人可从基金获得固定的收入或损失的补偿。它是一种再分配制度，目标是保证物质及劳动力的再生产和社会的稳定。社会保险项目主要包括养老社会保险、医疗社会保险、失业保险、工伤保险、生育保险等。中国城市和农村地区均已建立新型养老保险和医疗保险，这对于保障贫困人口的基本生活起到关键作用。减贫实践中可以进一步完善社会保险工作，如对扶贫贷款进行保险，一方面可以保证扶贫贷款得到有效使用和回收；另一方面对使用扶贫贷款的贫困者起到社会保障作用，可以减少或避免自然灾害等风险造成的损失。

（3）建立健全社会心理关怀机制。扶贫不是恩赐，而是一项需要贫困者积极主动参与的持续性的社会活动。贫困人口看待和应对贫困的心态至关重要。现实中部分贫困者"等靠要"的思想观念依然存在，影响其自立自强。因此，扶贫投入不能仅仅停留在物质层面上，更要关注于扶信心、扶志气。要建立有助于提高贫困人口素质的社会心理关怀机制，借助教育、技术、信息等手段，对贫困人口进行心理辅导和观念引导，促其由生活富裕到观念富裕，由生活脱贫到精神脱贫。

# 第5节 完善专项扶贫政策

## 一、坚持三大战略，优化专项扶贫政策基本方向

专项扶贫政策因其直接瞄准扶贫对象、直接围绕减贫业务，因而在大扶贫的政策体系中具有引领和导向作用。根据新的特点和形势，新阶段的专项扶贫工作应坚持遵循三大战略。

## 第7章 中国减贫的政策选择

**1. 平衡发展战略**

平衡发展战略或非平衡发展战略是一国根据基本国情、发展阶段、内外部条件和中心任务，在一定时期内选择适用的经济社会发展总体方略。一般而言，各国多视发展阶段变化交替使用这两个战略。中国在经历30多年的快速增长后，综合国力排名世界第二位，但区域发展不平衡和发展差距较大的问题突出。中国已经具备条件按照邓小平"两个大局"的战略构想实施第二步骤发展方略，在全面建设小康社会最关键的时期，国家一方面要加快发达地区发展，另一方面要更加重视欠发达地区的发展，这体现了区域协调发展的战略，体现了"抓两头、带中间"的方略。

**2. 国家发展战略**

《中国农村扶贫开发纲要（2011～2020年）》确定将14个集中连片特殊困难地区的发展提升到国家战略层面，制定区域发展与扶贫攻坚相结合的规划。每一个片区发展规划均需报中央政府批复，体现出中央政府对14个集中连片贫困地区加快发展的高度重视，体现出发展战略的最高层次性。从国家战略层面制定和实施片区发展规划，保证了规划的宏观性、权威性、系统性、战略性和可操作性，有利于集合各方面优势资源推进片区发展。

**3. 综合发展战略**

在新阶段，中国扶贫开发的主要任务包括巩固温饱成果、加快脱贫致富、改善生态环境、提高发展能力、缩小发展差距五个方面，总体目标包括"两不愁，三保障"[①]和"贫困地区农民人均纯收入增长幅度高于全国平均水平，基本公共服务主要领域指标接近全国平均水平，扭转发展差距扩大趋势"的要求。因而，新阶段扶贫开发的目标任务是综合性的，既包括生存指标，也包括发展指标，这体现了贫困地区和贫困对象全面发展、协调发展和可持续发展的要求。

## 二、遵循三个原则提高减贫绩效

提高减贫绩效的含义至少包括两个方面：首先指提高减贫行动的政策

---

[①] 指实现扶贫对象不愁吃、不愁穿，保障其义务教育、基本医疗和住房。

效率,即确保减贫政策符合贫困地区实际,政策的供给与需求基本相适应,政策的功能可以有效发挥作用;其次指提高减贫行动的经济效率,即成本收益比满足成本最小化和收益最大化要求,扶贫资金使用管理发挥"杠杆效应"。实现减贫行动的政策效率和经济效率,需要在实践中遵循以下三个工作原则。

**1. 遵循精准治理原则**

完善减贫治理重在优化治理结构。目前中国农村减贫治理结构并不完善,属于政府主导型的治理结构,市场力量和第三方力量没有形成"气候",作用发挥不到位。政府主导治理结构可能发生政府失灵,市场主导治理结构可能发生市场失灵,第三方力量治理结构可能发生社会失灵,将三方力量与贫困群众主体力量整合协同,形成和完善多层次的减贫治理结构。精准制导,精准治理,提升治理行动的正外部性,减少或避免治理行动的负外部性。

**2. 遵循投资于人原则**

投资于人,意即把扶贫资源更多地用于贫困人口人力资本开发,提高贫困人口素质和能力,提高减贫行动的自主性、能动性和有效性。由于人力资本开发具有根本性、递增性和可持续性特点,在减贫行动中的作用越来越重要。发展中国家在减贫发展中要更加重视"投资于人",更加强调人力资本提升的基础性和决定性作用,把人力资本开发的重点瞄准贫困家庭中的新生代成员,以求切断贫困链,阻止贫困代际传递。

**3. 遵循赋权于民原则**

在总结参与式扶贫实践经验基础上,减贫行动逐渐明确出赋权于民原则。该原则包含三层含义:一是贫困人口是减贫发展的主体,政府等仅承担施助者的角色;二是尊重贫困人口减贫发展的自主权、决策权和管理权等权利,保障贫困人口的生存权、发展权和受益权,提高社会对贫困人口的包容度;三是改变原先的扶贫决策体制,保证贫困群众的主观能动性和智慧得到充分发挥。长期以来,中国扶贫工作沿袭自上而下的决策体制,贫困农户处于被动接受状态,易于形成"等、靠、要"思想。必须转变这种扶贫方式,充分尊重贫困群众的话语权和决策权,构建上下结合的减贫决策体制机制。

## 三、积累三大资本增强自我减贫能力

资本是本书关于减贫分析的逻辑起点。贫困的根源在于资本的匮乏，消除贫困的路径在于资本的积累。本书的资本包含物质资本、人力资本和社会资本三个范畴，均是贫困地区减贫发展的重要基础。前面的研究分析表明，开展三大资本建设，积累三大资本，是贫困人口增强自我减贫能力的内在要求。在中等收入阶段，中国农村减贫行动应在重视物质资本建设基础上，更加重视人力资本建设和社会资本建设。三者之间的关系是，物质资本是基础，人力资本是手段，社会资本是保障。

**1. 开发和积累物质资本**

物质资本建设的着力点在于"物"。物质是人类社会生存发展的客观需要，贫困首先表现为人类的物质匮乏，因而陷入饥饿状态或不得温饱。因此，人类的反贫困必然以物质建设为根本取向和基础，首先满足人的最基本的生存需要。

**2. 开发和积累人力资本**

人力资本建设的着力点在于"人"。在物质资本建设过程中，人们逐步认识到，人自身的能力，即人类开发和保护自然界、建设和发展社会文明的能力，关系到物质资本建设的成效。这种能力，包括人的精神素养、知识结构、劳动技能和身体素质等构成。这种能力开发过程，既着眼于社会财富的增长，也着眼于人自身的全面发展，内在地契合了"以人为本"发展价值取向。

**3. 开发和积累社会资本**

社会资本建设的着力点在于"关系"，即社会关系网络。社会关系网络能改善物质资本、人力资本等要素的积累、流动和交换，从而促进经济社会发展。首先，社会关系网络通过信息传播机制便利了劳动力的流动。其次，社会关系网络降低了交易成本，提高了经济交换的效率。最后，社会关系网络促进了新技术的传播，推动了社会创新。社会资本分析是在原有物质资本、人力资本等经济发展的解释要素的基础上，增加了一种新的解释要素。社会资本是一种替代或补充政府和市场的资源配置方式，这种资源配置方式能在一定程度上纠正政府和市场的低效率或无效率。因此，社会资本建设逐步得到发展中国家的重视。

## 四、区分三个层次，实施有针对性减贫行动

根据贫困的结构性特征，可以划分区域开发、家庭发展和个体成长三个层次来制定减贫行动目标框架（如图 7-1 所示）。这三个层次，完全覆盖了中国农村扶贫开发的对象。第一，完善区域开发整体布局。中国以往的区域开发多立足于区域比较优势，以培育经济增长极为出发点。新阶段将 14 个贫困片区纳入国家区域开发的整体格局，主要基于统筹城市和乡村发展、统筹发达和落后地区发展的考虑，是区域协调发展和平衡发展的需要。国家层面重点抓好 14 个贫困片区的发展，同时鼓励各省（区、市）按照片区开发的思路确定本辖区内的减贫重点区域。第二，更加关注家庭这一发展单元。家庭是中国农村基本生活单位和基本经济单位。贫困家庭本身就是一个相对独立的生产生活单元。重视贫困家庭的发展问题，实施家庭发展项目，是中等收入阶段各国减贫的普遍行动。处于中等收入阶段的中国可以借鉴他国的有益经验，开展有中国特色的家庭发展行动。第三，重点关怀特殊贫困个体。残疾人、老人、妇女、儿童、进城农民工等群体在市场竞争和社会利益格局中本身就处于弱势地位，如果再套上贫困的枷锁，更是难上加难，弱中更弱。关注这些群体中每一位个体的发展需要，是扶贫开发坚持以人为本和全面发展的本质要求。区别三个层次，可以实施有针对性的减贫行动计划：

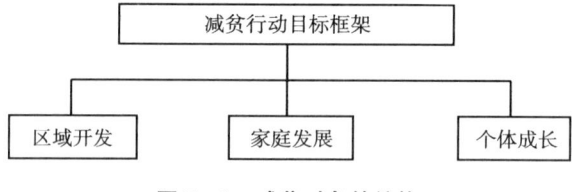

图 7-1　减贫对象的结构

**1. 实施贫困区域开发计划**

重点采取以下措施：

（1）遵循主体功能区规划。对照国家主体功能区规划，明确各贫困片

区的功能区归属。遵照优先开发、鼓励开发、限制开发和禁止开发的级次划分,在科学考察论证的基础上,在本片区内进一步细分功能区域。做到科学定位功能、科学制定规划、科学减贫发展。《中国农村扶贫开发纲要(2011~2020年)》在全国划分了14个片区,作为中国扶贫攻坚的主战场,共包括680个县,其中属于主体功能区规划限制开发区或禁止开发区的县共有269个,占片区总县数的39.5%。新《纲要》把生态建设放在了十分突出的位置,强调坚持扶贫开发与生态建设、环境保护相结合,充分发挥贫困地区资源优势,积极完善相关的生态补偿政策。在具体的政策实践中,将按照国家主体功能区的不同要求,采取有针对性的、差别化的扶贫开发方式。需要搬迁又能够搬迁的,在坚持自愿的前提下,进行搬迁;就地发展的,要退耕还林、退牧还草,努力改善发展环境;结合当地资源优势发展特色产业;通过教育扶贫和劳动力转移培训,提高人口素质和发展能力,促进他们稳定就业。

(2)发挥比较优势。按照林毅夫的新结构主义主张,注意挖掘贫困片区自身比较优势,将资源优势转化为经济增长优势。

(3)加强软硬件基础建设。加强贫困片区的基础建设,既包括交通、水利等硬件基础建设,也包括制度等软件基础建设。重视信息化建设,消弭"数字鸿沟"。

(4)国家出台优惠扶持政策。贫困片区要同步建成小康社会,需要跨越式发展。这既需要自身努力,也需要国家支持。首先需要给予贫困片区足够的发展政策,其次需要保障贫困片区必要的建设资金。可建立和完善纵向的中央财政的一般性转移支付制度、横向的发达省市的专项转移支付制度。

**2. 实施农村家庭发展计划**

家庭计划是发展中国家反贫困,特别是应对慢性贫困的有效举措,如印度中小学生营养午餐计划、尼泊尔特殊养老金补充计划、斯里兰卡母婴保健计划等,带有明显的社会救助的功能特征。从国情出发,中国实施家庭发展计划,可以借鉴他国的内容和形式,但在功能定位上应强调坚持开发式方针,辅助以一定的社会保障内容。

(1)家庭增加收入项目。包括帮助农户制订家庭增收计划,给予农户资金和项目扶持。鼓励有条件的乡村成立扶贫专业合作社。促进在贫困乡村形成专业化、市场化的生产分工与协作。重视发挥微型金融组织的作用，解决贫困农户生产资金短缺问题，增强贫困农户生产发展项目的可持续性，促进贫困家庭持续增收。

(2) 家庭发展能力建设项目。重点加强农业生产实用技术培训，加强劳动力转移就业技能培训。农业生产应与国家粮食安全战略相呼应，劳动力转移就业应与新型城镇化建设相呼应。

(3) 家庭新生代教育和健康项目。面向贫困家庭新生代的教育和健康项目，在不少发展中国家广泛采用，实践证明，对于预防和阻止贫困的代际传递效果显著。首先，继续实施贫困地区和贫困家庭义务教育工程。用法律的形式明确要求贫困家庭把子女送到学校接受教育。同时，可以将子女教育与项目扶持挂钩，将子女教育作为贫困户得到资金项目扶持的条件。其次，实施农村中小学生营养餐或牛奶补助计划。针对正处于生长发育阶段的青少年，满足其基本营养需求。再其次，实施贫困家庭子女职业教育项目。对于初中或高中毕业后没有继续国民教育的农村青少年，直接转入职业学校参加专业技能学习，其中对于贫困家庭子女给予免费教育。确保贫困家庭的子女进入社会前都能掌握至少一项生产技能。最后，实施母婴保健计划。对于孕产妇实行从怀孕到生产的系统管理，对婴幼儿在 0~5 岁期间的基础营养与保健提供特别援助，目的是减少孕产妇死亡率、婴幼儿死亡率及出生缺陷发生率，抑制慢性贫困的跨代传递。

(4) 家庭参加社会保障项目。坚持广覆盖、保基本、多层次、可持续的原则，建立和完善农村社会保障体系。一是完善农村低保政策，实现应保尽保；二是扎实推进新型农村合作医疗，逐步提高新农合保障水平；三是完善新型农村社会养老保险制度，最终实现全覆盖；四是完善农村五保供养制度、临时救助制度等，大力发展农村福利事业。

**3. 实施特殊人群关爱计划**

(1) 关爱贫困残疾人。实施促进就业与社会保障相结合计划。有一定劳动能力的通过技能培训和资金扶持，促使其参加就业或自谋职业。购买适合不同残疾人特点的公益性工作岗位。无法参加就业的残疾人员，国家给予基本的生活保障。

（2）关爱贫困老年人。老年贫困不是仅靠收入支持能解决的问题，还需要对贫困老年人加强提供综合服务。努力实现老有所养：家庭供养与社会供养相结合，保障其基本生活保障；实现老有所医：以社区医疗服务为依托，建立方便老年人就医的卫生保健和医疗体系；实现老有所乐：以社区文化创建和志愿者行动为载体，丰富老年人的精神文化生活；建立老年人关怀基金。

（3）关爱贫困留守妇女。建立生产互助组织，减轻留守妇女的生产负担。采取必要的措施，依法保护留守妇女的人身安全和合法权益。建立社会关怀机制，疏导和调节留守妇女的心理压力。

（4）关爱贫困留守儿童。以家庭保障为主，切实保障留守儿童的基本生活需要。保障留守儿童受教育的权利，预防和阻止留守儿童辍学。开展专题志愿行动，关心留守儿童心理健康。引导社会慈善组织开展爱心行动。

# 参 考 文 献

1. 曼昆:《经济学原理(上,下)》(梁小民译),北京大学出版社2009年版。

2. 安格斯·麦迪森:《世界经济千年史》(伍晓鹰等译),北京大学出版社2010年版。

3. 安格斯·麦迪森:《世界经济千年统计》(伍晓鹰、施发启译),北京大学出版社2009年版。

4. 厉以宁:《非均衡的中国经济》,中国大百科出版社2009年版。

5. 厉以宁:《中国经济双重转型之路》,中国人民大学出版社2013年版。

6. 陈佳贵:《中国经济持续增长展望——机遇与挑战》,社会科学文献出版社2007年版。

7. 陈健生:《生态脆弱地区农村慢性贫困研究》,西南财经大学博士论文,2008年。

8. 迪安:《社会政策学十讲》(岳经纶、温卓毅、庄文嘉译),格致出版社、上海人民出版社2009年版。

9. 迪尼托:《社会福利:政治与公共政策(第五版)》(何敬、葛其伟译),中国人民大学出版社2007年版。

10. 卡马耶夫:《经济增长的速度和质量》(陈华山、左东官、何剑等译),湖北人民出版社1983年版。

11. 底偎鹏:《发展中国家财政分权对减贫的作用机制研究》,华中科技大学博士论文,2010年。

12. 董经胜:《巴西现代化道路研究》,世界图书出版公司2009年版。

13. 范小建：《完善国家扶贫战略和政策体系研究》，中国财政经济出版社 2011 年版。

14. 高敏雪：《中国统计年鉴 30 年观察》，中国统计出版社 2011 年版。

15. 高培勇、杨之刚、夏杰长：《中国财政经济理论前沿（5）》，社会科学文献出版社 2008 年版。

16. 高树印：《工业化进程中成长产业研究》，中国财政经济出版社 2010 年版。

17. 谷源洋、林水源：《世界经济概论（上、下册）》，经济科学出版社 2002 年版。

18. 郭熙保：《发展经济学》，高等教育出版社 2011 年版。

19. 国家发展和改革委员会经济研究所：《中国经济："十二五"战略思路与政策选择》，经济科学出版社 2009 年版。

20. 中华人民共和国中央人民政府：《国家八七扶贫攻坚计划》。

21. 国务院扶贫开发领导小组办公室：《中国农村扶贫开发概要》，中国财政经济出版社 2003 年版。

22. 国务院新闻办公室：《中国的农村扶贫开发》，新星出版社 2001 年版。

23. 国务院新闻办公室：《中国农村扶贫开发的新进展》，人民出版社 2011 年版。

24. H. 钱纳里、S. 鲁宾逊、M. 赛尔奎因：《工业化和经济增长的比较研究》（吴奇、王松宝等译），上海三联书店、上海人民出版社 1995 年版。

25. 姜永华、高鸿宾：《中央财政扶贫》，中国财政经济出版社 1998 年版。

26. 蒋凯峰：《我国农村贫困、收入分配和反贫困政策研究》，华中科技大学博士论文，2009 年。

27. 康晓光：《中国贫困与反贫困理论》，广西人民出版社 1995 年版。

28. G. A. 柯亨：《什么的平等？论福利、善和能力》，收录于森和努斯鲍姆主编《生活质量》，社会科学文献出版社 2008 年版。

29. 李春光：《国际减贫理论与前沿问题 2011》，中国农业出版社 2011 年版。

30. 李培林:《金砖国家社会分层变迁与比较》,社会科学文献出版社 2011 年版。

31. 林岗、王一鸣、黄泰岩、马晓河:《迈过"中等收入陷阱"的中国战略》,经济科学出版社 2011 年版。

32. 林重庚、迈克尔·斯宾塞:《中国经济中长期发展和转型——国际视角的思考与建议》,中信出版社 2011 年版。

33. 刘畅:《中国益贫式增长中的经济政策研究》,东北财经大学博士论文,2009 年。

34. 刘世锦等:《陷阱还是高墙?——中国经济面临的真实挑战和战略选择》,中信出版社 2011 年版。

35. 罗尔斯:《正义论》(何怀宏等译),中国社会科学出版社 1988 年版。

36. 罗斯托:《经济增长的阶段》(郭熙保、王松茂译),中国社会科学出版社 2001 年版。

37. 马岩:《中等收入陷阱的挑战及对策》,中国经济出版社 2011 年版。

38. 彭德芬:《经济增长的质量研究》,华中师范大学出版社 2002 年版。

39. 彭刚、黄卫平:《发展经济学教程》,中国人民大学出版社 2007 年版。

40. 全国贫困地区干部培训中心:《小额信贷的组织与管理》,人民出版社 1998 年版。

41. 任保平、高煜:《中国经济增长质量报告(2010)》,中国经济出版社 2010 年版。

42. 任保平:《中国经济增长质量报告(2011)——中国经济增长包容性》,中国经济出版社 2011 年版。

43. 汝信、陆学艺、李培林:《2012 年中国社会形势分析与预测》,社会科学文献出版社 2012 年版。

44. 沈坤荣:《中国经济的转型与增长》,南京大学出版社 2008 年版。

45. 世界银行:《2010 年世界发展指标》,中国财政经济出版社 2010 年版。

46. 世界银行:《2010 年世界经济数据小手册》,中国财政经济出版社 2010 年版。

47. 世界银行东亚和太平洋地区基础设施局、国务院发展研究中心产业经济研究部：《机不可失——中国能源可持续发展》，中国发展出版社2007年版。

48. 世界银行东亚与太平洋地区减贫与经济管理局：《中国利用外资的前景和战略》，中信出版社2007年版。

49. 苏明、刘军民：《转变发展方式背景下的基本公共服务均等化与减贫》，中国农业出版社2011年版。

50. 苏明：《财政理论与财政政策》，经济科学出版社2003年版。

51. 苏明：《财政现实问题研究》，经济科学出版社2007年版。

52. 苏明：《财政支出政策研究》，中国财政经济出版社1999年版。

53. 苏明：《中国农村发展与财政政策选择》，中国财政经济出版社2003年版。

54. 苏振兴、徐文渊：《拉丁美洲国家经济发展战略研究》，经济管理出版社2006年版。

55. 覃主元：《战后东南亚经济史》，民族出版社2007年版。

56. 王洛林、张宇燕：《2012年世界经济形势分析与预测》，社会科学文献出版社2012年版。

57. 王小林：《结构转型中的公共服务与公共财政政策》，中国发展出版社2003年版。

58. 王展祥：《工业化进程中的农业要素贡献研究》，中国农业出版社2010年版。

59. 威廉·朱利叶斯·威尔逊著：《真正的穷人——内城区、底层阶级和公共政策》（成伯清等译），上海人民出版社2007年版。

60. 魏杰：《中国经济转型》，中国发展出版社2011年版。

61. 吴国宝、刘文璞、王灵均：《小额信贷的理论与实践》，人民出版社1998年版。

62. 吴敬琏：《当代中国经济改革教程》，上海远东出版社2010年版。

63. 吴忠：《国际减贫理论与前沿问题2010》，中国农业出版社2010年版。

64. 吴忠：《有条件现金转移支付、公共服务与减贫》，中国农业出版社 2011 年版。

65. 夏斌、陈道富：《中国金融战略 2020》，人民出版社 2011 年版。

66. 谢若登：《资产与穷人——一项新的美国福利政策》，商务印书馆 2007 年版。

67. 姚毅：《中国城乡贫困动态演化的理论与实证研究》，西南财经大学博士论文，2010 年。

68. 叶普万：《贫困经济学研究》，西北大学博士论文，2003 年。

69. 于同申：《发展经济学》，中国人民大学出版社 2009 年版。

70. 于学军、解振民：《中国人口发展评论——回顾与展望》，中国人民大学出版社 2000 年版。

71. 增长与发展委员会：《增长报告——可持续增长和包容性发展的战略》，中国金融出版社、世界银行 2008 年版。

72. 张东生：《中国居民收入分配年度报告（2010 年）》，经济科学出版社 2010 年版。

73. 张磊：《中国扶贫开发历程（1949~2005 年）》，中国财政经济出版社 2007 年版。

74. 张磊：《中国扶贫开发政策演变（1949~2005 年）》，中国财政经济出版社 2007 年版。

75. 张平、刘霞辉：《中国经济增长报告（2010~2011）——面向"十二五"的经济增长》，社会科学文献出版社 2011 年版。

76. 中华人民共和国中央人民政府：《中国农村扶贫开发纲要（2001~2010 年）》。

77. 中华人民共和国中央人民政府：《中国农村扶贫开发纲要（2011~2020 年）》。

78. 中国国家统计局：《农村贫困监测资料 2010》。

79. 中国（海南）改革发展研究院：《中国反贫困治理结构》，中国经济出版社 1998 年版。

80. 中国环境与发展国际合作委员会：《中国环境与发展国际合作委员会年度政策报告——能源、环境与发展》，中国环境科学出版社 2010 年版。

81. 中国科学院可持续发展战略研究组：《2011 年中国可持续发展战

略报告——实现绿色的经济转型》，科学出版社 2011 年版。

82. 中国社会科学院经济学部：《中国社会科学院经济观察报告》，社会科学文献出版社 2011 年版。

83. 中国现代化战略研究课题组、中国科学院中国现代化研究中心：《中国现代化报告 2008——国际现代化研究》，北京大学出版社 2007 年版。

84. 朱霞梅：《反贫困的理论与实践研究》，复旦大学博士论文，2010 年。

85. 祝伟：《经济增长、收入分配与农村贫困——以甘肃为例》，兰州大学博士论文，2010 年。

86. 林毅夫：《新结构经济学——重构发展经济学的框架》，载于《经济学（季刊）》第 10 卷第 1 期，2010 年 10 月。

87. 蔡荣鑫：《国外贫困理论发展述评》，载于《经济学家》2000 年第 2 期。

88. 陈立中：《收入增长和分配对我国农村减贫的影响》，载于《经济学》2009 年第 2 期。

89. 杜志雄、肖卫东、詹琳：《包容性发展的理论脉络、要义与政策内涵》，载于《社会科学管理与评论》2010 年第 4 期。

90. 古斯塔夫森、魏众：《为什么中国农村人口贫富不同？》，载于《世界经济文汇》2002 年第 3 期。

91. 胡鞍钢、胡琳琳、常志霄：《中国经济增长与减少贫困（1978~2004）》，载于《清华大学学报》（哲社版）2006 年第 5 期。

92. 黄祖辉：《包容性发展与中国转型》，载于《人民论坛》2011 年第 12 期。

93. 李正彪：《简论阿马蒂亚·森理论对中国反贫困的启示》，载于《中国青年政治学院学报》2003 年第 1 期。

94. 刘树成：《论又好又快发展》，载于《经济研究》2007 年第 6 期。

95. 罗楚亮、李实：《人力资本、行业特征与收入差距》，载于《管理世界》2007 年第 10 期。

96. 山西省社会科学院：《山西农村收入差距和贫困的现状及成因研究》，收录于《世界银行 TCC5 项目"山西经济增长、财政支农减贫政策效应研究"课题报告》，2011 年。

97. 斯科伯特：《发展中国家的贫困：定义、程度和意义》（孙平译），载于《经济资料译丛》1995年第4期。

98. 谭崇台：《中国经济的增长与"丰裕中贫困"》，载于《经济学家》2003年第1期。

99. 童星、林闽钢：《我国农村贫困线研究》，载于《中国社会科学》1994年第3期。

100. 李实、古斯塔夫森：《八十年代末中国贫困规模和程度的估计》，载于《中国社会科学》1996年第6期。

101. 瓦格尔：《贫困再思考：定义和衡量》（刘亚秋译），载于《国际社会科学》（中文版）2003年第1期。

102. 王小林、Alkire：《中国多维贫困测量：估计和政策含义》，载于《中国农村经济》2009年第12期。

103. 杨立雄、谢丹丹：《"绝对的相对"抑或"相对的绝对"——汤森和森的贫困理论比较》，载于《财经科学》2007年第1期。

104. 张翼、薛进军：《中国的阶层结构与收入不平等》，载于《甘肃社会科学》2009年第1期。

105. 王大超：《中美贫困现象与反贫困实践的经济学比较与启示》，载于《吉林大学社会科学学报》2002年第3期。

106. 巫宁耕：《发展中国家反贫困问题的思考》，载于《经济学家》1999年第3期。

107. 周华：《益贫式增长的定义、度量与策略研究——文献回顾》，载于《管理世界》2008年第4期。

108. 项秀：《国外反贫困经验及其对我国的启示》，载于《学理论》2011年第14期。

109. 王大超：《中国贫困问题的历史分析与三十年反贫困的社会巨变效应》，载于《理论探讨》2008年第5期。

110. 徐再荣：《当代美国的福利困境与福利改革》，载于《史学月刊》2001年第6期。

111. 林毅夫：《中国减贫面临新挑战》，载于《经济研究参考》2004年第71期。

112. 张晓、叶普万：《世界反贫困战略的变迁及其启示》，载于《生产力研究》2006 年第 6 期。

113. 汪三贵：《在发展中战胜贫困——对中国 30 年大规模减贫经验的总结与评价》，载于《管理世界》2008 年第 11 期。

114. 胡鞍钢等：《中国经济增长与减少贫困》，载于《清华大学学报》2006 年第 5 期。

115. 林伯强：《中国的政府公共支出与减贫政策》，载于《经济研究》2005 年第 1 期。

116. 阎坤、于树一：《公共财政减贫的理论分析与政策思路》，载于《财贸经济》2008 年第 4 期。

117. 《中国城镇居民贫困问题研究》课题组和《中国农村贫困标准》课题组的研究报告，1990。

118. Ames B., W. Brown, S. Devarajan, and A. Izquierdo, 2000, *Macroeconomic issues*, In World Bank: PRSP Sourcebook (version of September 21, 2000).

119. Armin Bauer, R. Hasan, R. Magsombol and G. Wan, A Note on New Poverty Estimates of the World Bank—Implications for ADB, *International Poverty Reduction*, 2009 No. 1.

120. Bruno, M., L. Squire, and M. Ravallion, 1998, *Equity and Growth in Developing Countries: Old and New Perspectives on the Policy Issues*, in: Tanzi, V. and K. Chu (eds.) Income Distribution and High-quality Growth, Cambridge: MIT Press.

121. Chenery, H. B. et al., 1974, *Redistribution with Growth: Policies to Improve Income Distribution in Developing Countries in the Context of Economic Growth*. Oxford University Press.

122. Dollar, D. and A. Kraay, 2002, "Growth is Good for the poor", *Journal of Economic Growth*.

123. Kakwani N., H. H. Son, Pro-poor Growth: Concepts and Measurement with Country Case Studies, *The Pakistan Development Review*, 2004.

124. Ranis G., *The Evolution of Development Thinking*: Theory and policy,

Yale University, 2004.

125. López, R. E., V. Thomas and Y. Wang, "*The Quality of Growth: Fiscal Policies for Better Results*", IEG Working Paper presented to the Committee for Development Effectiveness, June 23, 2008.

126. Luo Y., Q. Xue, and B. Han, 2010, "How emerging market governments promote outward FDI: Experience from China", *Journal of World Business*.

127. Moser C. and A. Felton, The Construction of an Asset Index: Measuring Asset Accumulation in Ecuador, Chpater 5 in *Poverty Dynamics: Interdisciplinary Perspectives*, edited by Tony Addison, David Hulme & Ravi Kanbur, Oxford University Press, 2009.

128. Nanak Kakwani and Ernesto M. Pernia, What is Pro-poor Growth? *Asian Development Review*, Vol. 18.

129. OECD, 2010, "*Economic Surveys: China*", 2010/6, Paris, France.

130. Ravallion M. 2002. *Growth, inequality, and Poverty: Looking Beyond Averages*. Mimeographed, the World Bank.

131. Ravallion M., and S. Chen, Measuring Pro-poor Growth, *Economic Letters*, 2003.

132. Ravallion M., Datt and D., van de Walle, Quantifying Absolute Poverty in the Developing World, *Review of Income and Wealth*, Series 37, Number 4, 1991.

133. Ravallion M., S. Chen and P. Sangraula, Dollar a day revisited, *Policy Research Working Paper*, No. 4620, World Bank, 2008.

134. Ravallion M., Pro-poor Growth: A Primer, *Policy Research Working Paper* No. 3242, 2004.

135. Ravallion ., S. Chen, Measuring Pro-poor Growth, *Policy Research Working Paper* No. 2666, 2001.

136. Ravallion, M., and S. Chen, "China's (Uneven) Progress Against Poverty", *Policy Research Working Paper* No. 3408, World Bank, Washington, DC. 2004.

137. Ravallion, M., M. T. Heil, and J. Jalan, "Carbon Emission and In-

come Inequality", *Oxford Economic Papers* 52 (4), 2000.

138. Robert H. and W. N. Wolff, The Concept and Measurement of Asset Poverty: Levels, Trends and Composition for the U. S., 1983–2001, *Journal of Economic Inequality*, Volume 2, Number 2, August 2004.

139. Robert J. Barro, "Quantity and Quality of Economic Growth", *Working Papers from Central Bank of Chile*, 2002.

140. Rodrik D., Growth after the Crisis, *CEPR Working Paper*, No. 7480, 2009.

141. Sen A., "Poor, Relatively Speaking", *Oxford Economic Papers*, New Series, 35 (2), 1983.

142. Sen A., Development as Freedom, *Oxford University Press*, 1999.

143. Son H. H., N. Kakwani, Global Estimates of Pro-poor Growth, *UNDP Working Paper* No. 31, October, 2006.

144. Thomas V., Y. Wang, and X. Fan, "Measuring Education Inequality: Gini Coefficients of Education", *Policy Research Working Papers* No. 2525, World Bank, 2003, and later published in *Journal of Education Planning and Administration*, January 2003.

145. Thomas V., M. Dailami, A. Dhareshwar, R. E. López, D. Kaufmann, N. Kishor, and Y. Wang, 2000, *The Quality of Growth*, New York: Oxford University Press.

146. UNDP, *Human Development Report* 2000: *Human Rights and Human Development*, New York: Oxford University Press.

147. Vinod Thomas, "*The quality of growth*", The world bank report, 2000.

148. Wang X. L. Xu and X. Shang, et al. Extra Costs for Urban Older People with Disabilities in Northern China, *Social Policy & Society*, Cambridge University Press, 2010.

149. Willianm E., *IMF and World Bank Structural Adjustment Programs and Poverty In: Managing Currency Crises in Emerging Markets*, 2003.

150. World Bank, World Development Report 1998/1999, *Knowledge for Development*, New York: Oxford University Press.

151. World Bank, 2006, Equity and Development, *World Development Report*, New York: *Oxford University Press*.

152. World Bank, *Global Economic Prospect*, January 2011.

153. World Bank, *Handbook on Poverty and Inequality*, 2009.

154. World Bank, World Development Report 2000/2001: *Attacking Poverty*, 2001.

# 跋

减贫问题实质是发展问题，减贫行动实质是民生行动，减贫工作实质是群众工作。

诺贝尔奖经济学奖获得者舒尔茨曾说过，"世界大多数是贫困人口，如果你懂得了穷人的经济学，那么你就会懂得经济学当中许多重要的原理。"在这个意义上，国家、社会、家庭或个体关注、研究和参加减贫行动，体现出的是一种社会责任和担当。

作为一名扶贫工作者，我深深震撼于舒尔茨的这段话，对贫困和减贫行动有了更深刻的理解。深入观察和思考贫困现象，学习和研究减贫理论，参与减贫实践，在理论与实践相结合的层面上，我获得了一些新的认识。当然，这些新的认识均是对前人研究和实践的继承发展，是在前人研究和实践基础上的思想升华。

思想是行动的先导。消除贫困首先在于摆脱意识和思路的贫困。习近平同志在《摆脱贫困》一书中谈到，只有"摆脱"了我们头脑中的"贫困"，才能使我们所主管的区域"摆脱贫困"，才能使我们整个国家和民族"摆脱贫困"，走上繁荣富裕之路。

行动是思想的转化。实现共同富裕，没有行动不可能变为现实。贫困地区要和全国同步建成小康社会，必须矢志不渝地艰苦奋斗，与时俱进地科学奋斗。特别是要根据形势和条件的变化，适时调整完善减贫政策，实现政策协同和叠加。

减贫需要解放思想，改革创新。用改革的精神完善减贫治理。当我们以资本为贫困分析的逻辑起点，构建物质资本、人力资本和社会资本积累体系就变得十分必要；当我们以人本主义作为减贫行动的遵循，构建赋利于人、赋能于人和赋权于人的减贫架构，尊重贫困人口的主体地位和首创精神就变得容易理解。当我们以公平和效率兼顾作为减贫实践的价值取向，转变扶贫开发思路、方式和体制机制，深化减贫治理改革创新就变得十分重要而紧迫。当前，亟待转变"大水漫灌"式粗放扶贫，实行"滴灌"式精准扶贫；亟待转变"重物轻人"的方式，多做"投资于人"的工作。这些符合开发式扶贫方针，符合"授人以渔"的理念，符合精准治理要求，是新的历史条件下转变扶贫方式的重要突破口和切入点。

减贫需要全世界携手并进。交流分享、相互支持，是世界大家庭理应采取的共同行动。正如李克强同志所倡导的，与世界各国携手消除贫困饥饿，让受到饥饿侵扰的人们得到温饱，共同创造一个无饥饿、无贫困、可持续发展的世界。

减贫行动始终在路上。人类社会将始终秉持滴水穿石的精神与信念，向贫困作"韧"的战斗，直至实现"大同"理想。

吴 华

2015 年 4 月

## 图书在版编目（CIP）数据

中等收入阶段中国减贫战略研究/吴华著．—北京：
经济科学出版社，2015.5
（北大光华区域可持续发展丛书．第4辑）
ISBN 978-7-5141-5751-2

Ⅰ.①中… Ⅱ.①吴… Ⅲ.①扶贫-经济发展战略-
研究-中国 Ⅳ.①F124.7

中国版本图书馆CIP数据核字（2015）第099686号

责任编辑：赵　蕾
责任校对：杨　海
责任印制：李　鹏

**中等收入阶段中国减贫战略研究**

吴　华　著

经济科学出版社出版、发行　新华书店经销
社址：北京市海淀区阜成路甲28号　邮编：100142
总编部电话：010-88191217　发行部电话：010-88191540
网址：www.esp.com.cn
电子邮件：esp@esp.com.cn
天猫网店：经济科学出版社旗舰店
网址：http://jjkxcbs.tmall.com
北京季蜂印刷有限公司印装
710×1000　16开　12.5印张　190000字
2015年11月第1版　2015年11月第1次印刷
ISBN 978-7-5141-5751-2　定价：38.00元
（图书出现印装问题，本社负责调换。电话：010-88191502）
（版权所有　翻印必究　举报电话：010-88191586
电子邮箱：dbts@esp.com.cn）